Mi madre, mi maestra:
Memorias del Sáhara Occidental

Jadiyetu Mint Omar Uld Ali Uld Embarek Fal, 1942–2006. Foto cedida por José María Rojo Vian (Chema), 2003.

BAHIA MAHMUD AWAH

Mi madre, mi maestra: Memorias del Sáhara Occidental

EDITED BY

Dorothy Odartey-Wellington

The Modern Language Association of America

New York   2024

© 2024 by The Modern Language Association of America
85 Broad Street, New York, New York 10004
www.mla.org

To order MLA publications, visit www.mla.org/books. For wholesale and
international orders, see www.mla.org/bookstore-orders.

The MLA office is located on the island known as Mannahatta
(Manhattan) in Lenapehoking, the homeland of the Lenape people. The
MLA pays respect to the original stewards of this land and to the diverse
and vibrant Native communities that continue to thrive in New York City.

Cover illustration: *La abuela maestra*, by Aawah Walad.

Originally published as *La maestra que me enseñó en una tabla de madera*
(Sepha, 2011).

Texts and Translations 43
ISSN 1079-252x

Library of Congress Cataloging-in-Publication Data

Names: Mahmud Awah, Bahia, 1960- author. | Odartey-Wellington,
 Dorothy, 1964- editor.
Title: Mi madre, mi maestra : memorias del Sáhara Occidental / Bahia
 Mahmud Awah ; edited by Dorothy Odartey-Wellington.
Other titles: Maestra que me enseñó en una tabla de madera
Description: New York : The Modern Language Association of America,
 2024.
Series: Texts and translations, 1079-252X ; 43 | "Originally published as
 La maestra que me enseñó en una tabla de madera (Sepha, 2011)."—Title
 page verso. | Includes bibliographical references.
Identifiers: LCCN 2023050251 (print) | LCCN 2023050252 (ebook) |
 ISBN 9781603296434 (paperback) | ISBN 9781603296441 (EPUB)
Subjects: LCSH: Mahmud Awah, Bahia, 1960- | Mahmud Awah, Bahia,
 1960—Family. | Authors, North African—21st century—Biography. |
 Sahrawi (African people)—Biography. | Western Sahara—Biography. |
 BISAC: BIOGRAPHY & AUTOBIOGRAPHY / Personal Memoirs |
 BIOGRAPHY & AUTOBIOGRAPHY / Literary Figures | LCGFT:
 Autobiographies.
Classification: LCC PQ8619.M34 Z46 2024 (print) | LCC PQ8619.M34
 (ebook) | DDC 868/.6403—dc23/eng/20240117
LC record available at https://lccn.loc.gov/2023050251
LC ebook record available at https://lccn.loc.gov/2023050252

Contents

Introduction:
Lessons in the Saharawi Art of Remembering
vii

Additional Resources
xxix

Note on the Text
xxxv

Mi madre, mi maestra:
Memorias del Sáhara Occidental
1

Epílogo
121

Glosario de términos en hasania
143

Introduction:
Lessons in the Saharawi
Art of Remembering

When a group of people are forced to flee from their homeland, they do so to preserve their lives. In their involuntary
exodus, they are also driven by a desire to protect their way of
being. As displaced people, they endeavor to retain a sense of
continuity of place, practices, and relationships when they
settle elsewhere, still with the hope of reclaiming their land.
To retain their notion of who they are and where they have
come from, however, they need to remember. As Jan Assmann
puts it, "One has to remember in order to belong" (114). Bahia
Mahmud Awah's memoir in honor of his mother, *Mi madre, mi
maestra: Memorias del Sáhara Occidental*,[1] offers lessons in the
art of fulfilling that imperative. It provides an opportunity to
reflect on how contemporary Saharawis who have been exiled
from their homeland, Western Sahara, contribute to a sense of
identity through memory. As one example of Hispano-
Saharawi creative expression, *Mi madre, mi maestra* illustrates
the roles played by displacement, imagined memory, oral poetry, and gender in our understanding of the art of Saharawi
memory making.

Hispano-Saharawi Creative Expression

Mahmud Awah is a founding member of the Generación de
la Amistad Saharaui, a group of exiled writers from Western
Sahara, a former Spanish colony, whose creative work is shap-
ing the idea of contemporary Saharawi literature and culture.

The Chilean poet Maribel Lacave describes the Saharawi Generation of Friendship as "un grupo de poetas saharauis, que tienen en común tres características principales: el compromiso intelectual y poético con la liberación de su pueblo, el uso del lenguaje escrito frente a la tradición oral de la poesía saharaui y el hecho de escribir su obra en español" (20).

As a literary group, their growing corpus of works can be found in many online venues, most notably on the blog *Y . . . ¿dónde queda el Sáhara?* (blogs.elpais.com/donde-queda-el -sahara), and in various anthologies, including Mahmud Awah and Conchi Moya's *Don Quijote, el azri de la badia saharaui* and Mohamed Salem Abdelfatah's *Las voces del viento: Poesía saharaui contemporánea*. However, according to the group's website, when they came together in 2005 ("III aniversario"), they had previously published, both individually and collectively, various works that already revealed their aesthetic projects as well as their common themes and concerns.[2] The echoes of loss, longing, identity, trauma, and other exilic issues in the abovementioned anthologies—and in works such as Mahmud Awah's *Versos refugiados*, Limam Boisha's *Ritos de jaima*, Salem Abdelfatah's *La joven del pozo*, and Ali Salem Iselmu's *Un beduino en el Caribe*—are all rooted in the recent history of Western Sahara.

Thanks to the work of the Generation of Friendship, and to Hispano-Saharawi creative expression in general, research interest in Western Sahara—hitherto dominated by social science disciplines—has expanded to include interest in the aesthetic dimension of the Saharawi quest for sovereignty and its related themes. Indeed, the diverse range of critical perspectives inspired by this growing body of creative work is evident in publications such as Alberto López Martín's "Cultural Resistance and Textual Emotionality in the Sahrawi Poetic Anthology *VerSahara*," Debra Faszer-McMahon's

"Images of the Global Hispanophone: Transnational Iconography in Saharaui Literature," Joanna Allan's "Decolonizing Renewable Energy: Aeolian Aesthetics in the Poetry of Fatma Galia Mohammed Salem and Limam Boisha," and Mahan Ellison's "'La Amada Tiris, Tierra de Nuestros Abuelos': The Affective Space of the Sahara in Hispano-Saharawi Literature." Despite the burgeoning interest in Saharawi creative culture, there is a dearth of critical work on audiovisual representations of Saharawi identity, particularly on those audiovisual accounts by Saharawis themselves. Examples of the latter include *Leyuad: Un viaje al pozo de los versos*, codirected by Brahim Chagaf, Gonzalo Moure, and Inés G. Aparicio; *Legna: Habla el verso saharaui*, codirected by Mahmud Awah, Juan Robles, and Juan Carlos Gimeno; *Belgha, la memoria viva*, directed by Man Chagaf; and the numerous short films directed by graduates of the Saharawi film school at the refugee camps, Escuela de Formación Audiovisual Abidin Kaid Saleh.[3]

Hispano-Saharawi creative expression is rooted in the recent history of Western Sahara, where efforts to rid the region of European colonization did not yield the outcome experienced by other Africans who fought for independence in the 1950s and 1960s. As happened with the only other former Spanish colony on the continent, Equatorial Guinea, Spain declared Western Sahara an overseas province of Spain in 1958 in order to buttress the Franco regime's claims to the United Nations that it did not possess any colonies at that time. However, while Equatorial Guinea gained independence from Spain in 1968, Western Sahara, which had become the target of the expansionist ambitions of its neighbors Morocco and Mauritania, was partitioned between the two countries through a tripartite agreement with Spain in 1975. The complex history and circumstances surrounding the derailment of Western Sahara's independence fall outside the ambit of this brief introduction. Readers may, however, turn to Enrique Bengochea Tirado and Francesco Correale for their discussion of the social and political transformation of the region in the latter decades of Spanish colonization in "Modernising Violence and Social Change in the Spanish Sahara, 1957–1975." Furthermore, expert analyses of the conflict itself can be found in such works as *Endgame in the Western Sahara: What Future for Africa's Last Colony?*, by Toby Shelley, and *Western Sahara: War, Nationalism, and Conflict Irresolution*, by Stephen Zunes and Jacob Mundy. Similarly, Samia Errazzouki and Allison L. McManus's *Beyond Dominant Narratives on the Western Sahara* and Raquel Ojeda-García and colleagues' *Global, Regional and Local Dimensions of Western Sahara's Protracted Decolonization: When a Conflict Gets Old* provide a multidisciplinary discussion not only of the conflict but also of its regional and global ramifications. In addition, Irene Fernández-Molina and Ojeda-García provide an update on the repercussions of the conflict in "Western Sahara as a Hybrid of a Parastate and a State-in-Exile: (Extra)Territoriality and the Small Print of Sovereignty in a Context of Frozen Conflict."

Rhetorics of Displacement

The Mauritanian and Moroccan occupation of Western Sahara and protracted war against the Polisario led to the displacement of many Saharawis.[4] Mahmud Awah's memoir gives readers a close-up look at one family's personal experience of loss, separation, and displacement in the aftermath of the failed decolonization process. At the beginning of the war, Mahmud Awah's family, along with other Saharawis, had to leave their town—Auserd—to seek refuge elsewhere. However, their place of refuge soon came under attack from Mauritanian soldiers, who rounded up and led off both young and older men, including Mahmud Awah's uncles and father.

Thus, fearing for her son's safety, Mahmud Awah's mother asked her son to flee to a Polisario base in Gleybat Legleya, in the hope that he would be protected there. He was fifteen at the time. Mother and son would not see each other again for a decade. Mahmud Awah spent three of those years at a boarding school in Algeria.[5] He subsequently went on to Cuba with other Saharawi youth for his postsecondary education. Meanwhile, in 1979, his family joined other refugees who had settled in camps near Tindouf, Algeria, since the mass exodus in the mid-1970s. It was there—the refugee camps where today some 173,600 Saharawis live[6]—that Mahmud Awah's mother passed away in 2006, never having fulfilled her dream of returning to her homeland. Quite the contrary, she passed on far away from her native land, where one of her siblings still lives, and even farther away from her son, who had resettled in Spain. Saharawis, like Mahmud Awah's family, find themselves dispersed over at least four geographic spaces: the occupied Western Sahara, the parts of Western Sahara under Polisario control (known as the liberated territories), the refugee camps near Tindouf, and Spain.

The geographic fragmentation of Western Sahara is responsible for what can be described as "extraterritoriality" in the former Spanish colony's contemporary creative expression. I refer to literature by Mahmud Awah and the Generation of Friendship as extraterritorial writing for two reasons: first, it emerged outside the writers' territory and in digital spaces; second, its representations of identity echo with "rhetorics of displacement," to borrow Katrina Powell's term, which include "nostalgia, a particular sense of home, belonging, citizenry, and the right of return" (302). At the core of the Saharawi narrative of displacement is the bilingualism that is upheld by Mahmud Awah and the Generation of Friendship as an identity marker, a bilingualism that combines the mother tongue and the colonial language. Hassaniya, the traditional Saharawi language, and Spanish, acquired not only through colonization but also through pan-Hispanic alliances, are employed as distinct features that serve to reinstate the boundaries between Western Sahara and Morocco. Writing in Hassaniya, Spanish, or both—creating a distinctive Hispano-Saharawi form of expression—is an act of resistance to displacement. Therefore, this writing serves to symbolically return Saharawis to the territory from which they are exiled.

Rhetorics of displacement are also manifested in the authors' preoccupation with imaginings of home, a central feature of *Mi madre, mi maestra*. In the absence of territory, rhetorical strategies for bridging the spatial and temporal gap between the writers and the space from which they have been displaced rely on memory. Memory is the impetus for other works by Mahmud Awah, such as his autobiographical *El sueño de volver* and his aforementioned codirected documentary on Saharawi oral poetry, *Legna: Habla el verso saharaui*. It also resonates in other Saharawi writing, including Boisha's *Los versos de madera*. Furthermore, in reading *Mi madre, mi maestra*, one gets the sense that Saharawis who fled Western Sahara metaphorically took with them to the Algerian *hammada*—an Arabic term for rocky, flat, desert terrain such as the area in which Saharawi refugees have settled near Tindouf in Algeria—or to Spain the life-giving energy of their land. It is therefore beneficial to draw on theories advanced in memory studies, as I do here, in the reading of this memoir.

Imagined Memory

According to Thomas Docherty, "[M]emory is central to the construction of a polity" (50). In other words, memory is fundamental to the creation of a cohesive community that is bound by a sense of shared identity. How then do displaced people, such as Saharawi refugees, some of whom may not have direct knowledge of the place they call home, participate in the process of constructing a national identity? How do Saharawis such as Mahmud Awah's mother, who experienced the exodus firsthand, transfer their recollections of the place that they have been forced to leave to those who were not part of the exodus? How are Saharawis who were born in exile supposed to find their way home? One may find answers to some of these questions in a reading of *Mi madre, mi maestra* as an exemplar of what I refer to as "imagined memory."

The qualifier "imagined," as used here, derives from Benedict Anderson, who wrote that a nation "is *imagined* because the members of even the smallest nation will never know most of their fellow-members, meet them, or even hear of them, yet in the minds of each lives the image of their communion" (6). Similarly, the memory of home that is preserved by displaced people is imagined. It relies on narratives of traditions, values, knowledge, and legends that are timelessly recreated and shared by the community, regardless of the differences that may exist in the community's chronological and spatial proximity to that home and to the events surrounding the original departure from it. A sense of belonging is imagined through those narrative threads that are used to shape a place as the locus of one's identity with others, to paraphrase Docherty (54), as they are handed down from generation to generation. "Imagination" is what we call the evocation of a place in a person who has not experienced it firsthand, Docherty notes, and in that sense "memory and imagination are intertwined, . . . and their focal point, their intersection, is what we call our own identity" (55). Similar thoughts are echoed in the observation that "[p]eoples, nations, are constituted, made so . . . by a story, a Book of many chapters, populating our imaginations with memories common to all members" (Moseley 65).

Imagined memory is essential to populations who, for one reason or another, have lost access to the place that they call home. In her research on Australian Aboriginal people, Lynette Russell observed that "landscapes of the mind" were the means by which Aboriginal people, for example, bypassed colonial barriers to their "country" in order to pass it on to future generations (402). Furthermore, she added, those imagined places "represent real, viable and tangible links to their heritage" (402). The same appears to be true of contemporary Saharawis as represented in Mahmud Awah's work. *Mi madre, mi maestra* reads like a window into the social, cultural, and aesthetic practices by which Saharawis pass on, to current and future generations, the territory to which they no longer have physical access. It is a model of transgenerational creation and communication and of the venues in which ideas of self and place are molded into portable form through poetry and story.

Although *Mi madre, mi maestra* begins and ends with the life and death, respectively, of the author's mother, its various accounts do not follow a chronological order. The memoir's non-linear structure may reflect the nature of human recall itself. However, it is also the result of the transgenerational mode of communication that is meant to point the way home, so to speak, in Saharawi culture. Most of the accounts in the work revolve around the author's mother, whom he calls "Detu." As the main remembering subject, Detu connects her generation to those that precede and follow it. Meanwhile, Mahmud Awah, as the narrative voice of the memoir, travels back and forth through time, retrieving and transmitting first-, second-, or thirdhand accounts. The resultant text is a set of polyphonic and fragmented stories that are held together by their transgenerational relevance. The section of the memoir titled "Las tertulias y el sabio Deylul" illustrates the above structure. Just like other sections of the work, it does not have a chronological or even thematic connection to the section preceding or immediately following it. However, it reflects a common feature of several memories in the work: it exemplifies the transgenerational transference of traditional knowledge, which is symbolized by Deylul, a fount of Indigenous information on the flora, fauna, and climate of the Sahara. By constantly referencing Deylul, Detu passes on the aforementioned wisdom to her interlocutors along with a symbolic ownership of the land, the source of that knowledge. The transgenerational communication in the memoir creates a sense of provenance and continuity where spatial and temporal distance would inspire sentiments of separation and loss.

The mode of social interaction in Saharawi culture facilitates the kind of transgenerational communication described above. In the memoir, we learn of the "tertulias," where family and friends congregate to converse leisurely—in both prose and verse—over several rounds of tea. The fact that these social gatherings are evoked numerous times in the memoir attests to their ubiquity in Saharawi social practice. Those venues in which Mahmud Awah heard his mother (and indeed other family members and friends) tell and retell the stories that shape Saharawi identity provide continuous "opportunities for and acts of shared remembering" (Erll, "Locating" 313). These regular acts of communal remembering give uniformity to the memories of home and render them familiar across time and space. Continuity occurs not only through the retelling of stories but also through the gatherings themselves. As social contexts in which identities are formed, the gatherings are essentially portable cultural spaces that can be reproduced wherever Saharawis find themselves.

In discussing the constructive nature of family memories, Astrid Erll notes that "memories are rarely rehearsed for their own sake" and that they "fulfil normative and formative, value-related and identity-related functions" ("Locating" 307). The family stories that are retrieved and retold in Mahmud Awah's memoir, and at the gatherings, are no exception. The story that Detu would tell her family of how her father almost starved to death in a windstorm is one such "normative and formative" account. It tells of the resilience not only of Mahmud Awah's grandfather Omar but also of his grandmother Nisha, who was left to calm the fears of her children and keep together the family's livestock in the absence of her husband. It resonates with the positive outcome of a symbiotic and respectful relationship between humans and nature. It also reflects the skills that enabled both Omar and Nisha to overcome the nature-driven challenges in their nomadic life. The fact that the knowledge behind these qualities derives from the specificity of the land suggests that they are traditional qualities and that the values that they represent are generically Saharawi and, consequently, replicable.

Memory shapes the image that a community has of itself through what is selected to be recorded in the community's oral tradition. Additionally, whatever is selected is determined by a prevailing context, which in Mahmud Awah's memoir is the recent history of the Saharawis. For Saharawis, Spanish colonization, the failed process of decolonization, Moroccan occupation, and life in exile in refugee camps all loom large in their acts of meaning making and identity construction. Consequently, much of contemporary Saharawi creative expression is informed by collective or personal experiences related to the above context and rests on an undercurrent of self-assertion and protest. For example, while celebrating Detu's acts of remembering, *Mi madre, mi maestra* also speaks back to, and against, past and ongoing attempts to undermine Saharawi sovereignty. The author's recollection of one of the family stories about an uncle illustrates how family anecdotes record resistance to external acts of domination. On the surface, the story could simply be a humorous account of how Mahmud Awah's uncle Mohamed Moulud took down some flags that had been installed by the Spanish army just because they were invading his space and interfering with the freedom of his herd of camels. He made a *darraa*, the traditional Saharawi male outfit, for himself and reins for his camels with some of the flags and then set fire to the rest. Although Moulud's actions do not appear to be motivated by activism, their political symbolism is self-evident. That symbolism is reinforced by the year in which the story took place, 1956. Around that time, anti-colonial fervor was rife in the region: Morocco and Tunisia had gained independence that year, and the Algerian War of Independence was ongoing. Indeed, the Liberation Army under Benhamou Mesfioui had begun to organize an offensive against Spain in Western Sahara in January of that year (Pazzanita and Hodges xxviii). Furthermore, Allal al-Fassi, a Moroccan nationalist leader, was by that time also making claims of a "Greater Morocco," a map of which appeared in his party's newspaper (Zunes and Mundy 36). All these circumstances help reimagine Moulud's personal act as an act of subversion against external forces of domination.

Oral Poetry

Mi madre, mi maestra illustrates the notion that creative oral expression, a leitmotif in the memoir, serves as a signpost that points the way home in Saharawi culture. It echoes Mahmud

Awah's assertion elsewhere that oral poetry is the repository of the history and the identity of a people ("Oral Literature" 62). Memory, poetry, geography, and identity intersect in one of Mahmud Awah's many conversations with his mother, in which she expresses her longing to be in a part of the Sahara that was behind the occupiers' walls—a system of walls, put in place by Morocco, between the occupied lands and the territory controlled by the Polisario—"[e]n la falda de Galb Ashalay." The author's response to his mother's nostalgia— "Mamá, debes preguntar al poeta Badi, porque tiene un poema dedicado a Galb Ashalay"—underscores the use of poetry to creatively place displaced Saharawis back onto their land. The art of defying displacement through poetry is itself an age-old skill employed by traditional Saharawi poets who found themselves far away from home. According to Mahmud Awah, Saharawi oral poetry draws on a nomadic tradition whereby the wandering poet would evoke the land that they had left behind, praising it over the one in which they found themselves ("Oral Literature" 62). In other words, for nomadic Saharawis, poetry served to memorialize their past land and time.

Although the days of nomadic errancy are long gone, the abovementioned poetic tradition continues to be relevant because of the current situation of forced displacement. Mahmud Awah's mother, and other poets, continue to inscribe their poetry onto the landscape from which they have been expelled, as though to enable future generations to recognize it as their own. One such poem cited in this memoir is a *tebraa* that Detu composed to commemorate her reunion with her sister and other family members in the liberated region after thirty years of separation. *Tebraa* is a traditional poetic form in Hassaniya that is cultivated exclusively by women for a female audience. Traditionally, it dealt with themes related to love in an intimate setting.[7] In the poem, the imagery of a heart roaming unencumbered among the hills and the *jaimas*—portable nomadic dwellings—in the liberated territories is used to metaphorically break down the physical boundaries that have been imposed by exile and the occupation. Indeed, the recurrent poetic references to place of origin or belonging in *Mi madre, mi maestra* function in the same way as would a flag or similar material emblem: as a record in verse that stands in for the person or persons who may be absent from that location. Additionally, in citing his mother's *tebraa*, Mahmud Awah contributes to preserving women's poetic memorialization of their land. This is significant, as his mother's compositions, like other *tebraa*, are susceptible to loss because of the conditions of long-term refugeehood.

Traditional poetry also makes it possible to hand down to generations of displaced Saharawis a seemingly concrete and enduring place to which they might return. In the memoir, *Tiris*, the land of Detu's birth and the region that she and her family had to abandon, is such a place. As a region of pastureland in the nomadic tradition, it lends its image and imagery to the creation of a mythical place of plenty, well-being, and refuge that contrasts with the occupied territory as well as the infertile Algerian *hammada* where Saharawis live in exile. Indeed, in a work devoted to Tiris and Saharawi traditional poets, Mahmud Awah recalls the image of Tiris in the popular tradition as "una tierra en donde no se enferma la gente, y se destaca la longevidad de sus habitantes" (*Tiris* 60). Tiris, in this memoir and elsewhere in Saharawi writing, is used as a metonymic stand-in for Western Sahara. It represents the memories of the abstract geopolitical entity that features in political and diplomatic wrangling. Consequently, it qualifies as a "site of memory" according to the generally accepted understanding of the notion: "any cultural phenomenon, whether material, social or mental, which a society associates with its past and with national identity" (Erll, *Memory* 25).

Gendered Sites of Memory

Readers will find that they associate Detu with Tiris for reasons other than her origins in that region. Her representation in the memoir transforms her into a mnemonic of Tiris and, by extension, of the longed-for land. The parallels between the memory of Tiris and Detu are evident in the stories of nurturing and protection that the author tells about his mother and in the Saharawi values that are embodied in her representation. Mahmud Awah's account of Detu's teaching all her children to read and write and securing his safety by sending him into exile, his allusions to her pain at being separated from him, and the many references to her resourcefulness, her generosity, and her intelligence all resonate with the ideal notion of Saharawi women. Indeed, Mahmud Awah's recollection of how his mother single-handedly took care of the family during the year when his father was held up in El-Aaiún, well before the war, parallels the accounts of how Saharawi women set up and ran the refugee camps while the men were fighting at the front against the Moroccan and Mauritanian occupation. The symbolic link between Detu and Tiris is not difficult to imagine, since Tiris and the Saharawi nation are generally feminized in the memoir and in other Saharawi creative expression (Allan, "Nationalism" 84; Odartey-Wellington 7). In fact, mother and land intersect in the ultimate image of motherhood when Mahmud Awah recalls how Detu had reminded him that he had been raised on the milk of Tirisian camels. In effect, Detu, the central remembering subject in the memoir, like Tiris, is also a site of memory and, as such, an icon that points the way home.

Sites are not exclusively spatial in this context; they can also be "events, people and cultural artifacts . . . seen in collective memory as depositaries (symbols) of not one particular value, but of matters important to the community in general, as a 'site' where one finds and can continue finding diverse values" (Szpociński 249).

Mahmud Awah's representation of Detu as a site of memory makes her a significant reference for discussions of the role of gender in Saharawi cultural and collective memory. Indeed, her portrayal in the memoir invites reflection on the feminization of Saharawi national identity, the representations of gender in Saharawi creative expression, and the perspective of Saharawi women on the notion of Saharawi national identity. For example, the prominence given to Detu and other women in the memoir underscores their importance in Saharawi society and refutes colonial and neocolonial representations of Saharawi women, such as those critiqued by Konstantina Isidoros in "Unveiling the Colonial Gaze: Sahrāwī Women in Nascent Nation-State Formation in the Western Sahara." Paradoxically, Detu's association with Tiris also brings to mind postcolonial feminist criticism of the feminization of territory in gendered nation-building narratives. Critics have drawn attention to the ways in which the woman-nation trope could reproduce sociopolitical norms that narrowly link women to a set of "pre-colonial" cultural values (Stratton 112), generalize rather than individualize women (Boehmer 29), or exclude women whose images do not easily map onto an idealized notion of the nation in question (Odartey-Wellington 13–14). However, the intimate portrayal of Detu, her role as protector and source of vital knowledge, and her own poetic evocations of the territory from which she was exiled all contribute a nuanced perspective to the debate on the symbolic fusion of women and national identity. Furthermore, given the prolonged duration of Saharawis' displacement and the ongoing transformations in Saharawi society and its venues of identity construction, *Mi madre, mi maestra* inspires a comparison with the emerging reconfigurations of home and belonging—particularly by transnational Saharawi women—that are identified in Silvia Almenara-Niebla and Carmen Ascanio-Sánchez's "Connected Sahrawi Refugee Diaspora in Spain: Gender, Social Media and Digital Transnational Gossip" and in Allan's "Privilege, Marginalization, and Solidarity: Women's Voices Online in Western Sahara's Struggle for Independence."

Territorial displacement, such as the one in which Saharawis find themselves, endangers cultural heritage. However, *Mi madre, mi maestra* illustrates that for Saharawis, the predominantly oral nature of their heritage makes it portable over time and distance. Mahmud Awah gathers within the pages of his memoir a sampling of Saharawi social and cultural practices as well as the media and the venues associated with those practices. He also demonstrates how the re-creation of such practices in exile evokes a sense of continuity and identity with others. The memoir gives literary form to the intangible cultural heritage[8] of Saharawis and further mitigates the threat of loss in their current circumstances. The book both enacts and records the enactments of the transgenerational transmission of traditions, values, creative expression, and local knowledges. Furthermore, it casts a spotlight on a significant aspect of Saharawi imaginations of national identity: gender. All the foregoing signal the ways in which *Mi madre, mi maestra* contributes to pointing exiled people in the direction of their home through the eternal art of remembering.

Notes

1. The title of the original Spanish-language publication is *La maestra que me enseñó en una tabla de madera*.

2. See, for example, the special issue of *Ariadna-RC* published in 2004, which is devoted to the culture of Western Sahara (*Memoria*).

3. An archive of short films by graduates of the film school is featured on the website of the Spanish artists' collective Left Hand Rotation ("Escuela").

4. *Polisario* is an acronym for Popular Front for the Liberation of Saguia el-Hamra and Río de Oro (Frente Popular de Liberación de Saguia el-Hamra y Río de Oro). The Polisario, also known as the Polisario Front, was formed in 1973 with the objective of liberating Saharawis from Spanish colonial rule. Mauritania subsequently signed a peace agreement with the Polisario and retreated from Western Sahara in 1979.

5. For more information on Mahmud Awah's personal experience of the exodus from Western Sahara, see the intimate portrait of the writer by his friend and fellow poet Mohamed Salem Abdelfatah in the latter's epilogue to Mahmud Awah's *Versos refugiados*, "Para unos versos refugiados."

6. According to a March 2018 report published by the United Nations High Commissioner for Refugees, *Sahrawi Refugees in Tindouf, Algeria: Total In-Camp Population*, that figure is conservative and is to be used solely for planning purposes (5).

7. For more information on the genre, see Voisset.

8. According to UNESCO, intangible cultural heritage includes "traditions or living expressions inherited from our ancestors and passed on to our descendants, such as oral traditions, performing arts, social practices, rituals, festive events, knowledge and practices concerning nature and the universe or the knowledge and skills to produce traditional crafts" ("What").

Works Cited

Allan, Joanna. "Decolonizing Renewable Energy: Aeolian Aesthetics in the Poetry of Fatma Galia Mohammed Salem and Limam Boisha." *Bulletin of Hispanic Studies*, vol. 97, no. 4, 2020, pp. 421–37.

————. "Nationalism, Resistance, and Patriarchy: The Poetry of Saharawi Women." *Hispanic Research Journal*, vol. 12, no. 1, 2011, pp. 78–89.

————. "Privilege, Marginalization, and Solidarity: Women's Voices Online in Western Sahara's Struggle for Independence." *Feminist Media Studies*, vol. 14, no. 4, 2014, pp. 704–08.

Almenara-Niebla, Silvia, and Carmen Ascanio-Sánchez. "Connected Sahrawi Refugee Diaspora in Spain: Gender, Social Media and Digital Transnational Gossip." *European Journal of Cultural Studies*, vol. 23, no. 5, 2020, pp. 768–83.

Anderson, Benedict. *Imagined Communities: Reflections on the Origin and Spread of Nationalism.* Revised ed., Verso, 2006.

Assmann, Jan. "Communicative and Cultural Memory." *A Companion to Cultural Memory Studies*, edited by Astrid Erll and Ansgar Nünning, De Gruyter, 2010, pp. 109–18.

Belgha, la memoria viva. Directed by Man Chagaf, 2008.

Bengochea Tirado, Enrique, and Francesco Correale. "Modernising Violence and Social Change in the Spanish Sahara, 1957–1975." *Itinerario*, vol. 44, no. 1, 2020, pp. 33–54.

Boehmer, Elleke. *Stories of Women: Gender and Narrative in the Postcolonial Nation.* Manchester UP, 2005.

Boisha, Limam. *Ritos de jaima.* Ediciones Bubisher, 2012.

————. *Los versos de madera.* Puentepalo, 2004.

Docherty, Thomas. "Memento Mori." Irimia et al., pp. 50–62.

Ellison, Mahan. "'La Amada Tiris, Tierra de Nuestros Abuelos': The Affective Space of the Sahara in Hispano-Saharawi Literature." *CELAAN: Revue du Centre d'Etudes de Littératures et des Arts d'Afrique du Nord*, vol. 15, nos. 2–3, 2018, pp. 73–102.

Erll, Astri. "Locating Family in Cultural Memory Studies." *Journal of Comparative Family Studies*, vol. 42, no. 3, 2011, pp. 303–18.

————. *Memory in Culture.* Translated by Sara B. Young, Palgrave Macmillan, 2011.

Errazzouki, Samia, and Allison L. McManus, editors. *Beyond Dominant Narratives on the Western Sahara.* Special issue of *JADMAG.* Vol. 1, no. 2, 2013, www.jadmag.org/western-sahara.html.

"Escuela de cine del Sáhara." *Left Hand Rotation*, www.lefthand rotation.com/escuelacinesahara/index.htm. Accessed 8 June 2023.

Faszer-McMahon, Debra. "Images of the Global Hispanophone: Transnational Iconography in Saharaui Literature." *Symposium*, vol. 72, no. 1, 2018, pp. 13–26.

Fernández-Molina, Irene, and Raquel Ojeda-García. "Western Sahara as a Hybrid of a Parastate and a State-in-Exile: (Extra)Territoriality and the Small Print of Sovereignty in a Context of Frozen Conflict." *Nationalities Papers*, vol. 48, no. 1, 2020, pp. 83–99.

Irimia, Mihaela, et al., editors. *Literature and Cultural Memory*. Brill, 2017.

Isidoros, Konstantina. "Unveiling the Colonial Gaze: Sahrāwī Women in Nascent Nation-State Formation in the Western Sahara." *Interventions*, vol. 19, no. 4, 2017, pp. 487–506.

Lacave, Maribel. "Lo que se piensa, se sueña." Mahmud Awah, *Versos refugiados*, pp. 20–24.

Legna: Habla el verso saharaui. Directed by Bahia Mahmud Awah et al., Antropología en Acción ONGD, 2014.

Leyuad: Un viaje al pozo de los versos. Directed by Brahim Chagaf et al., Arbatásh / Ministerio de Cultura R.A.S.D., 2015.

López Martín, Alberto. "Cultural Resistance and Textual Emotionality in the Sahrawi Poetic Anthology *VerSahara*." *Studies in Twentieth- and Twenty-First-Century Literature*, vol. 45, no. 1, 2020, pp. 1–20.

Mahmud Awah, Bahia. "Oral Literature and Transmission in the Sahara." *Quaderns de la Mediterrània*, vol. 13, 2010, pp. 59–64.

———. *El sueño de volver*. CantArabia Editorial, 2012.

———. *Tiris: Rutas literarias*. Última Línea, 2016.

———. *Versos refugiados*. 2nd ed., Bubok Publishing, 2015.

Mahmud Awah, Bahia, and Conchi Moya, editors. *Don Quijote, el azri de la badia saharaui*. Universidad de Alcalá, 2008.

La memoria en la cultura saharaui. Special issue of *Ariadna-RC*. No. 25, 2004, www.ariadna-rc.com/numero25/sahara/sahara.htm.

Moseley, C. W. R. D. "Ancestral Voices." Irimia et al., pp. 63–71.

Odartey-Wellington, Dorothy. "Walls, Borders, and Fences in Hispano-Sahrawi Creative Expression." *Research in African Literatures*, vol. 48, no. 3, 2017, pp. 1–17.

Ojeda-García, Raquel, et al., editors. *Global, Regional and Local Dimensions of Western Sahara's Protracted Decolonization: When a Conflict Gets Old*. Palgrave Macmillan, 2017.

Pazzanita, Anthony G., and Tony Hodges. *Historical Dictionary of Western Sahara.* 2nd ed., Scarecrow Press, 1994.

Powell, Katrina M. "Rhetorics of Displacement: Constructing Identities in Forced Relocations." *College English,* vol. 74, no. 4, 2012, pp. 299–324.

Russell, Lynette. "Remembering Places Never Visited: Connections and Context in Imagined and Imaginary Landscapes." *International Journal of Historical Archaeology,* vol. 16, no. 2, 2012, pp. 401–17.

Sahrawi Refugees in Tindouf, Algeria: Total In-Camp Population. United Nations High Commissioner for Refugees, Mar. 2018. *Universidade de Santiago de Compostela,* www.usc.gal/export9/sites/webinstitucional/gl/institutos/ceso/descargas/UNHCR_Tindouf-Total-In-Camp-Population_March-2018.pdf.

Salem Abdelfatah, Mohamed. *La joven del pozo.* Bubok Publishing, 2009, www.bubok.es/libros/8059/La-joven-del-pozo.

———. "Para unos versos refugiados." Mahmud Awah, *Versos refugiados,* pp. 125–31.

———, editor. *Las voces del viento: Poesía saharaui contemporánea.* Ministerio de Asuntos Exteriores, 2014.

Salem Iselmu, Ali. *Un beduino en el Caribe.* Diputación Provincial de Zaragoza, 2014.

Shelley, Toby. *Endgame in the Western Sahara: What Future for Africa's Last Colony?* Zed Books, 2004.

Stratton, Florence. "'Periodic Embodiments': A Ubiquitous Trope in African Men's Writing." *Research in African Literatures,* vol. 21, no. 1, 1990, pp. 111–26.

Szpociński, Andrzej. "Sites of Memory." *Memory and Place,* special issue of *Teksty,* edited by Justyna Tabaszewska, vol. 1, 2016, pp. 245–54, tekstydrugie.pl/wp-content/uploads/2018/03/Teksty_Drugie_en_2016_-1.pdf.

"III aniversario del Congreso Constituyente de la Generación de la Amistad." *Generación de la Amistad saharaui,* 9 July 2008, generaciondelaamistad.blogspot.com/2008/07/aniversario-del-congreso-constituyente.html.

Voisset, Georges M. "The Tebra' of Moorish Women from Mauritania: The Limits (or Essence) of the Poetic Act." *Research in African Literatures,* vol. 24, no. 2, 1993, pp. 79–88.

"What Is Intangible Cultural Heritage?" *UNESCO*, 1992–2023, ich
.unesco.org/en/what-is-intangible-heritage-00003.

Zunes, Stephen, and Jacob Mundy. *Western Sahara: War, Nationalism,
and Conflict Irresolution.* Syracuse UP, 2010.

ADDITIONAL RESOURCES

Additional Works by Bahia Mahmud Awah

Mahmud Awah, Bahia. *La entidad saharaui precolonial en el ideario de la República Saharaui*. Bubok Publishing, 2017, www.bubok.es/libros/253025/La-entidad-politica-Precolonial-Saharaui.

————, editor. *Literatura del Sahara Occidental: Esbozo histórico*. Bubok Publishing, 2009, www.bubok.es/libros/3818/Literatura-del-Sahara-Occidental-Breve-estudio.

Mahmud Awah, Bahia, and Conchi Moya. *Cuentos saharauis de mi abuelo*. Bubok Publishing, 2015.

————. *El porvenir del español en el Sahara Occidental: La diversidad lingüística, aspectos antropológicos, sociales y literarios*. Bubok Publishing, 2010, www.bubok.es/libros/7470/El-porvenir-del-espanol-en-el-Sahara-Occidental.

Selected Anthologies That Include Works by Bahia Mahmud Awah

La fuente de Saguia: Relatos de la Generación de la Amistad Saharaui. Diputación de Zaragoza / Um Draiga, 2009.

Generación de la Amistad. *Aaiún gritando lo que se siente: Poesía saharaui contemporánea*. Universidad Autónoma de Madrid / Revista Exilios, 2006.

Gewinner, Mick, editor and translator. *Generación de la amistad: Anthologie de poésie sahraouie contemporaine*. L'atelier du Tilde, 2016.

Gimeno Martín, Juan Carlos, et al., editors. *Poetas y poesía del Sahara Occidental: Antología de la poesía nacional saharaui.* Última Línea, 2020.

Miorin, Emanuela, et al., editors. *Le parole non hanno radici: Antología di letteratura saharawi.* Palermo, 2019.

San Martín, Pablo, and Ben Bollig, editors. *Treinta y uno / Thirty One: An Anthology of Saharaui Resistance Poetry.* Sandblast, 2007.

Um Draiga: Poesía saharaui contemporánea. Diputación de Zaragoza / Um Draiga, 2007.

Recommended Reading

Allan, Joanna. "Imagining Saharawi Women: The Question of Gender in Polisario Discourse." *The Journal of North African Studies,* vol. 15, no. 2, 2010, pp. 189–202.

———. *Silenced Resistance: Women, Dictatorships, and Genderwashing in Western Sahara and Equatorial Guinea.* U of Wisconsin P, 2019.

Almenara-Niebla, Silvia. "Making Digital 'Home-Camps': Mediating Emotions among the Sahrawi Refugee Diaspora." *International Journal of Cultural Studies,* vol. 23, no. 5, 2020, pp. 728–44.

Álvarez Gila, Oscar, et al. "Western Sahara: Migration, Exile and Environment." *International Migration,* vol. 49, supp. s1, 2011, pp. e146–e163.

Baers, Michael. "Concerning Intent, Interpretation, Memory and Ambiguity in the Work of an Informal Collective Working on the Western Sahara Conflict." *Memory Studies,* vol. 12, no. 3, 2019, pp. 294–306.

Berkson, Sam, and Mohamed Sulaiman. *Settled Wanderers.* Influx Press, 2015.

Campos-Serrano, Alicia, and José Antonio Rodríguez-Esteban. "Imagined Territories and Histories in Conflict

during the Struggles for Western Sahara, 1956–1979."
Journal of Historical Geography, vol. 55, 2017, pp. 44–59.

Campoy-Cubillo, Adolfo. "Walking through the Sahrawi
Refugee Camps with Judith Butler." Robbins and Campoy-
Cubillo, *Sahara*, pp. 166–78, https://doi.org/10.5070/
T453029641.

Chatty, Dawn, et al. "Identity with/out Territory: Sahrawi
Refugee Youth in Transnational Space." *Deterritorialized
Youth: Sahrawi and Afghan Refugees at the Margins of the
Middle East*, edited by Chatty, Berghahn Books, 2010,
pp. 37–84.

Deubel, Tara Flynn. "Mediascapes of Human Rights:
Emergent Forms of Digital Activism for the Western
Sahara." Robbins and Campoy-Cubillo, *Sahara*, pp. 5–19,
https://doi.org/10.5070/T453029633.

———. "Poetics of Diaspora: Sahrawi Poets and Postcolonial
Transformations of a Trans-Saharan Genre in Northwest
Africa." *The Journal of North African Studies*, vol. 17, no. 2,
2012, pp. 295–314.

Drury, Mark. "Disidentification with Nationalist Conflict:
Loyalty and Mobility in Moroccan-Occupied Western
Sahara." *Comparative Studies of South Asia, Africa, and the
Middle East*, vol. 40, no. 1, 2020, pp. 133–49.

Farah, Randa. "Sovereignty on Borrowed Territory: Sahrawi
Identity in Algeria." *Georgetown Journal of International
Affairs*, vol. 11, no. 2, 2010, pp. 59–66.

Faszer-McMahon, Debra. "African Poetics in Spain: *Um
Draiga* and the Voices of Contemporary Saharawi Poetry."
*African Immigrants in Contemporary Spanish Texts: Crossing
the Strait*, edited by Faszer-McMahon and Victoria L. Ketz,
Ashgate, 2015, pp. 223–40.

———. "Poetics and Politics: Digital Interventions in Sahrawi
Cultural Production." Robbins and Campoy-Cubillo,
Sahara, pp. 20–39, https://doi.org/10.5070/T453029634.

Fiddian-Qasmiyeh, Elena. *The Ideal Refugees: Gender, Islam and the Sahrawi Politics of Survival.* Syracuse UP, 2014.

———. "'The Inter-generational Politics of 'Travelling Memories': Sahrawi Refugee Youth Remembering Home-Land and Home-Camp." *Journal of Intercultural Studies,* vol. 34, no. 6, 2013, pp. 631–49.

Finden, Alice. "Active Women and Ideal Refugees: Dissecting Gender, Identity and Discourse in the Sahrawi Refugee Camps." *Feminist Review,* vol. 120, no. 1, 2018, pp. 37–53.

Herz, Manuel, editor. *From Camp to City: Refugee Camps of the Western Sahara.* Lars Müller Publishers, 2013.

Isidoros, Konstantina. *Nomads and Nation-Building in the Western Sahara: Gender, Politics and the Sahrawi.* Bloomsbury Publishing, 2018.

———. "The View from Tindouf: Western Saharan Women and the Calculation of Autochthony." *Global, Regional and Local Dimensions of Western Sahara's Protracted Decolonization: When a Conflict Gets Old,* edited by Raquel Ojeda-García et al., Palgrave Macmillan, 2017, pp. 295–311.

Karaoud, Amira. "War, Culture, and Agency among Sahrawi Women Refugees: A Photo-Essay." *Gender and the Media: Women's Places,* edited by Marcia Texler Segal and Vasilikie Demos, Emerald Publishing, 2018, pp. 15–27.

Lippert, Anne. "Sahrawi Women in the Liberation Struggle of the Sahrawi People." *Signs: Journal of Women in Culture and Society,* vol. 17, no. 3, 1992, pp. 636–51.

López Belloso, María, and Irantzu Mendia Azkue. "Local Human Development in Contexts of Permanent Crisis: Women's Experiences in the Western Sahara." *Jamba,* vol. 2, no. 3, 2009, pp. 159–76.

Martin-Márquez, Susan. "Brothers and Others: Fraternal Rhetoric and the Negotiation of Spanish and Saharawi Identity." *Journal of Spanish Cultural Studies,* vol. 7, no. 3, 2006, pp. 241–58.

Murphy, Jennifer M., and Sidi M. Omar. "Aesthetics of Resistance in Western Sahara." *Peace Review*, vol. 25, no. 3, 2013, pp. 349–58.

Robbins, Jill. "Celebrity, Diplomacy, Documentary: Javier Bardem and *Sons of the Clouds: The Last Colony.*" Robbins and Campoy-Cubillo, *Sahara*, pp. 100–17, https://doi.org/10.5070/T453029638.

Robbins, Jill, and Adolfo Campoy-Cubillo. "Considering the Western Sahara: Multi-disciplinary Approaches to Post-colonialism." Robbins and Campoy-Cubillo, *Sahara*, pp. 1–4, https://doi.org/10.5070/T453029632.

———, editors. *Sahara*. Special issue of *Transmodernity: Journal of Peripheral Cultural Production of the Luso-Hispanic World*. Vol. 5, no. 3, 2015.

Rossetti, Sonia. "Saharawi Women and Their Voices as Political Representatives Abroad." *The Journal of North African Studies*, vol. 17, no. 2, 2012, pp. 337–53.

Ruano Posada, Violeta, and Vivian Solana Moreno. "The Strategy of Style: Music, Struggle, and the Aesthetics of Sahrawi Nationalism in Exile." Robbins and Campoy-Cubillo, *Sahara*, pp. 40–61, https://doi.org/10.5070/T453029635.

San Martín, Pablo. "'¡Estos Locos Cubarauis!': The Hispanisation of Saharawi Society (. . . after Spain)." *Journal of Transatlantic Studies*, vol. 7, no. 3, 2009, pp. 249–63.

———. *Western Sahara: The Refugee Nation*. U of Wales P, 2010.

Sayahi, Lotfi. "España ante el Mundo: Spain's Colonial Language Policies in North Africa." Robbins and Campoy-Cubillo, *Sahara*, pp. 62–75, https://doi.org/10.5070/T453029636.

Solana, Vivian. "Between Publics and Privates: The Regeneration of Sahrawi Female Militancy." *Comparative Studies of South Asia, Africa, and the Middle East*, vol. 40, no. 1, 2020, pp. 150–65.

―――. "Hospitality's Prowess: Performing Sahrāwī Sovereignty in Refugee Camps." *Political and Legal Anthropology Review*, vol. 42, no. 2, 2019, pp. 362–79.

Suárez Collado, Ángela, and Raquel Ojeda García. "The Effects of the Moroccan Advanced Regionalization Process in Western Sahara." Robbins and Campoy-Cubillo, *Sahara*, pp. 76–98, https://doi.org/10.5070/T453029637.

Recommended Viewing

La Badil. Directed by Dominic Brown, Dancing Turtle Films, 2012.

Diáspora en el Sahara. Directed by Ignacio Rosselló and Néstor Suleiman, Instituto Nacional de Cine y Artes Audiovisuales, 2018.

Hamada. Directed by Eloy Domínguez Serén, Momento Film, 2018.

Hijos de las nubes: La última colonia. Directed by Álvaro Longoria, Morena Films, 2012.

Life Is Waiting: Referendum and Resistance in Western Sahara. Directed by Iara Lee, Caipirinha Productions, 2015.

The Oasis of Memory: Fragments of Sahrawi Culture. Directed by Elisa Mereghetti and Marco Mensa, Ethnos Films, 2003.

Oulaya's Wedding. Directed by Hisham Mayet et al., Sublime Frequencies, 2017.

El rumor de la arena. Directed by Daniel Iriarte and Jesús Prieto, Atila Films, 2008.

The Runner. Directed by Saeed Taji Farouky, Creative Visions / Underground Films, 2013.

Skeikima. Directed by Raquel Larrosa and María Alonso, 2017.

Song of Umm Dalaila: The Story of the Saharawis. Directed by Danielle Smith, Dakkuma Productions, 1993.

Wilaya. Directed by Pedro Pérez Rosado, Wanda Visión, 2011.

Note on the Text

The present edition is based on the author's revised version of *La maestra que me enseñó en una tabla de madera*, which was first published in 2011 by Sepha (Madrid, Spain). In the revised version, the author omits his prologue, a letter that appeared in the second chapter, and the epilogue by Gonzalo Sichar Moreno, editor of Sepha. However, the author updates and expands on the previous edition with an epilogue of his own, in which he provides new information from research that he carried out subsequent to the 2011 publication.

The author uses Hassaniya transliterations to render various Saharawi concepts and expressions. The transliterations are translated in a glossary at the end of the text. (Terms that appear in the glossary are indicated with italics.) The text is also interspersed with various poems in Arabic script, for which the author provides translations in Spanish.

The author's notes to the text are indicated with roman numerals. The editor's notes are indicated with arabic numerals.

Mi madre, mi maestra:
Memorias del Sáhara Occidental

A mamá eterna en el corazón, a todas las madres

Los hijos son las anclas que atan a la vida a las madres.

—Sófocles

Índice

I. MAMÁ FUE MI MAESTRA   5

II. MEMORIAS Y RECUERDOS: NUESTROS VIEJOS AMIGOS   21

    La abuela Nisha sin agua en el desierto

    Mariam Mint Mohamed Chej

    Hanafi

    Otros íntimos amigos de mi madre

III. EL ENCUENTRO DE ABOILAY LEYUAD:
NUESTROS AÑOS EN EL SÁHARA   33

    Mi tío Moulud

    Mi rechazo a las grasas

    Recuerdos de nuestro hogar en Auserd

    La ausencia de papá

    Las tertulias y el sabio Deylul

    El hambre que pasó mi abuelo Omar

    El secuestro del abuelo Hamadi

    Los dromedarios de mamá

    La pérdida del ganado

    Mohamed Moulud y las banderas

    Nuestro bisabuelo paterno

    La familia Awah

    La amada Tiris, tierra de nuestros abuelos

    Nana y Lehbeila

IV. LA DECISIÓN DE MAMÁ Y EL ÉXODO DEL AÑO 1975:
EL EXILIO   93

    Nuestro mundo se viene abajo

    El triángulo de mi exilio

    El éxodo de la familia y la enfermedad de mamá

    La bondad de mamá

    Mi tío abuelo, el poeta Bahia Uld Awah

    Faceta de poetisa

    Mamá sigue siendo nuestra guía

I.

Mamá fue mi maestra

Madre, la palabra más bella pronunciada por el ser
humano. La más bella palabra en labios de un
hombre es la palabra madre, y la llamada más dulce
es: oh, madre.

—Khalil Gibran

Mi madre nació en 1942 en el valle de Bu Lariah, una legendaria montaña anclada en la meseta sur de Tiris blanca. Hija de Omar y Nisha, quienes tuvieron ocho hijos, ella fue la segunda después del primogénito Alati, hijo de la primera esposa de Omar.

A los quince años conoció a mi padre en el valle de Aboilay, en las cercanías de los montes de Leyuad, allí estaba acampado el *frig* de su familia, *Ahel* Omar Uld Ali Uld Embarek Fal. Un año más tarde se casó con mi padre. Esta historia me la contó ella en agosto de 2006.

Se llamaba Jadiyetu, pero yo no solía pronunciar su nombre completo, la llamaba como de pequeño me sonaba su nombre, "Detu" y también le decía "mamá" en español, porque ella entendía muchas palabras de nuestro segundo idioma, así hasta hoy mismo es solo para mí mamá o Detu.

El 20 de octubre de 2006 nos dejó la maestra que me enseñó las primeras letras del abecedario en una tabla de madera castaña llamada *louh*. Somos ocho hermanos y a todos nos enseñó a escribir y leer, a excepción de la más pequeña de mis hermanas, Salca, nacida en 1981 en los campamentos de refugiados saharauis.

De mi madre aprendí muchas historias escuchándola en las amenas tertulias que hacía con la familia o amigos en infinidad de ocasiones. Era un caudal inagotable de anécdotas, relatos, historias, era en definitiva una ilustrada enciclopedia de literatura hasania[1] y árabe.

Nos comentaba que en el año 1958 España y Francia, enfrentadas para dominar el territorio y trazar los límites coloniales, bombardeaban los *frig* y los ganados y tiraban desde los aviones cientos de octavillas en árabe anunciando que todos los saharauis debían trasladarse hacia el interior para salvarse de los enfrentamientos en las fronteras coloniales franco-españolas contra las bandas armadas infiltradas desde el norte de la frontera saharaui. Ella era la única que sabía leer bien en su *frig*. De noche bajaban sus hermanos de las montañas, donde todos estaban escondidos por miedo a los aviones, para recoger las octavillas y ella las leía para que se informaran los demás vecinos nómadas de los avisos de la potencia que marcaba las

---

1. La lengua de los saharauis. Es derivada del árabe clásico.

fronteras coloniales. Un día, al amanecer, los aviones españoles tiraron desde el aire unas cajas que se abrieron, saliendo de su interior unas octavillas con un mensaje escrito en árabe y español. Ninguno sabía leer entre aquellos beduinos excepto la jovencita, que años después sería mi madre; su hermano mayor y los pastores recogieron por la noche las cuartillas y se las llevaron para que se las leyera: "A todos los saharauis, adentraros en el interior del territorio y alejaros de las fronteras".

Desde que me separé de ella por la guerra a los quince años, en el invierno de 1975, hasta volver a verla en el verano de 1985, pasaron diez años sin que supiera de mi paradero. Pero jamás me sentí en mi trato con Detu como el hombre que ya había madurado. Fue una madre coraje cuando tomó aquella decisión en plena guerra: "Vete de aquí con los Polisarios. Ellos te cuidarán. Esa gente que nos está atacando te matarán". Ella sentía que su hermano Mohamed Fadel "Boiba", que había desertado en 1974 del ejército español incorporándose a las filas del Polisario, me protegería en mi evasión. Sufrió mucho, viviendo, bajo ocupación, mi huida al éxodo, sin tener el mínimo rastro de mi destino.

Yo para ella fui siempre aquel niño tropezón, gracioso, inocente, que le hacía reír en cualquier momento cuando menos lo esperaba. Decía que nunca me asustaba de pequeño y que los amigos de mi padre venían a casa para gastarme bromas y reírse con mis fechorías infantiles. Cuando crecí no cambié esa relación, sabía que eso le hacía sentirse muy bien porque la trasladaba y la unía a otros tiempos de mi infancia y de su juventud. Todo lo que aprendí de literatura hasania y árabe me lo transmitió en multitud de ocasiones en nuestra *jaima* o en nuestra casa en Auserd. Amaba mucho Tiris y la conocía como la palma de su mano. Memorizaba los nombres de ignotos puntos de esa tierra y sabía la historia de todos aquellos poetas que cantaron a Tiris desde Chej Mohamed El Mami, Emhamed Uld Tolba, Shmeidra Uld Habibulah, Chej Eluali o Badi Uld Mohamed Salem, a quien conoció y trató en persona. También admiraba a Sedum Uld Endarti, el poeta y clásico cantautor mauritano que simpatizó siempre con la sociedad saharaui hasta su muerte. Ella le llamaba "Sedum el Grande", ya que había otro cantante procedente de la misma familia, también llamado Sedum.

Recuerdo que el año 1973 mi colegio de Auserd nos invitó para pasar el verano en Castellón de la Plana,[2] pero ella estaba preocupada por lo que pudiera pasarme y se negó a dejarme ir. Mi profesor don Francisco, o Paco como le llamábamos, fue a nuestra casa para hablar con ella y le aseguró que yo estaría bien y que no me pasaría

---

2. Una ciudad de la Comunidad Valenciana, España.

nada. Finalmente, mi madre accedió a su mediación, y recuerdo que le repetía, "Francisco, si me lo roban o se pierde eres el responsable", y eso que a mi regreso de aquellas inolvidables vacaciones no le conté que me había perdido una noche, y fue la Guardia Civil[3] la que me recogió y me llevó al albergue donde estábamos hospedados.

Yo no quería crecer para ella, sentía que podría perder esa amistad de niño que nos unió desde mi infancia. Le confesaba todos mis secretos y le sacaba conversación sobre cualquier tema que me interesara. A mi madre no le gustaba escuchar rumores carentes de importancia, en hasania los llamamos *asuaka*. Cuando la conversación no era de su agrado se retiraba sin que nadie se diera cuenta. No le gustaban las personas chillonas que hacen mucho ruido y entorpecen la buena vecindad. Repetía un proverbio en este contexto que reza: "Conoce bien a tu vecino antes de acampar".

Tenía una memoria y capacidad para la transmisión oral asombrosa, memorizaba casi toda la obra original en árabe del príncipe poeta Kais Ibnu Al Mulauah, obra anónima que en su versión occidental es la tragedia de Romeo y Julieta de William Shakespeare, también conocida en otra versión árabe como "Madjnun Leyla".[4] Según la

---

3. La Guardia Civil es una de las fuerzas nacionales españolas de seguridad y orden público.
4. "Layla y Majnún."

leyenda, hacia el siglo VIII vivió en la Península Arábiga un poeta beduino de nombre Kais que alcanzó fama con sus versos. Kais se enamoró de una bella joven, prima suya llamada Leyla, y al no aceptar la familia su relación, Kais se volvió loco, vagó por los campos cantando a Leyla con los más hermosos versos que ha conocido la lírica árabe. Mi madre sabía incluso el motivo de inspiración de cada poema que Kais dedicaba a su amada Leyla. A principios de 1975 recuerdo que mamá me inscribió en unas clases particulares de poesía clásica árabe que nos daba por la noche un profesor mauritano. Alegaba que un hombre, para saber entrar y tener presencia en una conversación, ha de memorizar cientos de versos y saber interpretarlos y usarlos a propósito de cualquier tema que pudiera relacionarse con la conversación.

También dominaba selectos poemas de grandes poetas en hasania como Badi Mohamed Salem y su hermano, Chej Mohamed El Mami, Salama Uld Yedahlu y otros resonados nombres de poetas de la familia de los Chej Malainin, que cantaron a Tiris en su época. Y no se limitaba con ese don solo a los poetas saharauis, sino que cuando escuchaba un poema en hasania del país vecino, Mauritania, pronunciaba enseguida el nombre del autor sin titubeos. Hablaba en sus tertulias como si recitara versos, con voz pausada, serena, dulce y absoluta seguridad.

Mi madre, en estos últimos años en el refugio, recurría en muchas ocasiones a este poema de Badi, lo recitaba implorando a Dios que no le privara de volver a ver a los montes de Tiris a los que canta el poeta, hoy desolados y habitados por militares marroquíes, extraños a nuestra tierra.

مايدوم اعلي حال أمال	مارت إن الدهر العضار
أجوير و دار اغزومال	ذيك دار اطرطاك ؤدار
و لااتل في العب انوال	خاليات الا ماهي نار
يالعكل افلعليب افريك	و لا التليت اتشوف امطاليك
الناس ؤ لا كثرت مال	و لا اتليت اتشوف زين

Evidente que el tiempo es traicionero,
no es eterno, porque allá
se hallaban nuestras acampadas en Tartag y en
    Ayueir,
y allá otras hoy desiertas en Agzumal,
sin hogueras, ni rastro de vida entre dunas,
ni trashumantes rebaños,
oh, amor,
ni a tus anchas caminando libre en las dunas.
Y ya no se ve a la más hermosa en *lefrig*
ni fortunas de rebaños.

La meta de su bondad con los indefensos siempre fue más allá de sus posibilidades. Recuerdo que una vez en los años sesenta dejó arruinado un pequeño negocio de la familia, una tienda de ropa, cosméticos de uso femenino y miel pura de colmenas que mi padre importaba de Mauritania. Detu prestaba a la gente que no tenía dinero, y al final el capital empezó a desplomarse porque no había ganancias por las deudas de la gente que no pagaba. Aun así, los que la conocían bien decían que fue los ojos y el cerebro de mi padre durante los treinta y un años que estuvo con él hasta que se separaron en 1988, siendo refugiados en Argelia.

Muchas veces he estado separado, a lo largo de nuestras azarosas vidas, de mi familia y de mi madre. Una nueva sensación de orfandad me invadió cuando viajé a España. Por fortuna se vio aliviada gracias al apoyo y la ayuda de otras familias que se convirtieron también en la mía. El año 1999, cuando llegué a Madrid, desde los campamentos de refugiados saharauis en Argelia, para hacer un curso de periodismo con la Cadena SER,[5] conocí a una alemana que se convirtió prácticamente en mi segunda madre, llenando todo aquel vacío que yo venía arrastrando al separarme de mi familia y en especial de mamá. Viví con ella y su hija Irene durante un mes en un bello barrio de Madrid, y con ellas me sentí como si estuviera con mi propia familia, porque no me faltaba con ellas ca-

---

5. Una cadena radiofónica española.

riño y cuidado. Christa Michael, su hija Irene y sus gatos, dos felinos clásicos que dormían abrazados, llamados Pío y Galatea, eran el alma de todo el cariño y la amabilidad que se respiraba en la casa.

Por nuestra naturaleza los saharauis nos sentimos muy cómodos y bien acogidos cuando miramos la cara del anfitrión; si es cariñoso y alegre en seguida nos damos cuenta de que somos bienvenidos y si es lo contrario nos esfumamos de allí de la manera que sea. Apreciamos más la cara alegre y la amistad que los falsos agasajos materiales.

Sentí el cariño de Christa como el de una verdadera madre aquella tarde en la que me iba a mudar a un apartamento en la calle de la Ballesta, situada justo detrás de la sede de la Cadena SER, en el edificio de Gran Vía, 32. Esa tarde le dije a mi segunda madre que me iba a mudar al nuevo lugar. Christa me respondió sin más que la acompañara al supermercado para hacer la compra, solíamos hacerla juntos, pero aquella tarde no íbamos a hacer su compra habitual para la casa, aunque yo aún no lo sabía.

Regresamos a la casa cuando finalizamos la tarea, yo tenía que terminar de preparar mi ligero equipaje, solo una maleta, ya que iba a dejar allí algunas ropas que no me hacían falta. Pensé que si en algún momento las necesitaba volvería a recogerlas a casa de mamá Christa.

Cuando recogí la maleta e iba a despedirme, Christa salió de la cocina con toda la compra que acabábamos de realizar y me dijo:

—Toma, llévate esto que te va a hacer falta.

Había de todo, y yo le dije que no podía aceptarlo, pero entre el no mío y el sí de ella finalmente accedí a llevarme todo a mi nuevo domicilio, y por cierto toda aquella compra me hizo falta al cabo de una semana en mi nuevo hogar.

Este gesto trajo a mi memoria las tantas veces que mi madre lo protagonizaba cuando me preparaba agua y comida para llevar en los días de pastoreo en el desierto, o los días que escalaba montañas con mis amigos de colegio en los montes de Auserd. Aquel inolvidable y humano gesto solo podía ser la manifestación del cariño de una persona que sentía mi dolor y mis penas, preocupada por si me quedaba sin comida o en el límite de provisiones, y que sabía que no tenía en aquel momento otra fuente de apoyo sino ella.

Gracias a mamá Christa, que me acogió en su casa en aquella durísima etapa de mi vida, sin documentos ni trabajo alguno, sin embargo, sí que poseía mucha fuerza y aspiraba a un mejor horizonte. Este agradecimiento se lo he manifestado muchas veces, aunque creo que no es suficiente.

Había llegado a casa de Christa desde la de Rosa Saranova y Josan Cousilla, otros grandes amigos míos y de la causa saharaui, con quienes estuve las primeras semanas que pisé tierra española. Viví con ellos en Benidorm, ese fue mi primer nido de apoyo. A Rosa y a su hija las había conocido tiempo atrás en los territorios liberados del Sáhara y los campamentos de refugiados. Allí hicimos amistad y recuerdo con especial cariño una expedición que hicimos juntos para conocer los territorios liberados, en concreto Tifariti y la zona de Ajshash. Compartimos noches de verdadera amistad con los beduinos a la luz de una hoguera y vimos a los dromedarios reposando junto a sus dueños. Ellos también me ayudaron mucho, recuerdo que el primer curso de informática que hice fue en Benidorm y me lo sufragaron Rosa y Josan, tampoco puedo olvidar la atención que me concedieron durante el período que estuve yendo y viniendo a su preciosa *jaima* de la calle Flores.

Me contaron que Josan estuvo en El Aaiún los últimos años de la metrópoli en el Sáhara, partió hacia el Sáhara desterrado en la época de Franco,[6] con motivo de su militancia política en el PCE. Rosa fue una de las primeras mujeres que se alistaron como agentes del servicio de

---

6. Dictador que gobernó España tras la Guerra Civil Española (1936–39) hasta su fallecimiento en 1975.

tráfico en El Aaiún y en toda España. De aquellos tiempos viene su simpatía hacia el pueblo saharaui. Ellos también supusieron para mí un verdadero apoyo y una familia que me quiere mucho.

Debo decir que también en aquel viaje a los territorios liberados conocí a Leire Pajín, secretaria de Estado de Cooperación en el primer gobierno de José Luis Rodríguez Zapatero.[7] Leire era, cuando la conocí, estudiante de sociología en la Universidad de Alicante. Ella, su hermana Amaya y Rosa Saranova me enviaron a su regreso del viaje un fax, y me informaron que habían creado una Asociación de Amigos del Pueblo Saharaui en Benidorm. La llamaron como yo bauticé nuestra expedición a los territorios liberados, "Mártir Juita", en honor a una activista saharaui asesinada en las cárceles marroquíes en los años ochenta por su oposición a la ocupación del Sáhara.

Recuerdo una situación muy difícil que nos ocurrió en aquel viaje cuando estábamos regresando a los campamentos. Decidimos hacer el viaje de noche para acampar en la mitad del camino en una zona de muchas acacias cerca de Bir Lehlu, y dormir allí a la intemperie. Pero el conductor del coche donde viajaban Leire y Rosa se despistó y tomó un camino equivocado. Adelantó a la otra

---

7. José Luis Rodríguez Zapatero fue presidente del Gobierno de España durante dos mandatos, entre 2004 y 2011.

caravana y pasó toda la noche en camino con sus viajeros, hasta que por la mañana amaneció cerca de un cuartel militar saharaui que distaba unos veinte kilómetros del lugar de acogida.

Yo estaba encargado de la expedición y lo pasé fatal, temía que le hubiera ocurrido algo grave al grupo, imaginaba el coche volcado en el terraplén de una carretera y a los ocupantes sin auxilio en medio de la noche. Durante nuestra búsqueda de los compañeros perdidos volvimos al camino, subíamos a elevaciones del terreno para hacer señales con los faros de los coches y rastreábamos los posibles pasos que había tomado el grupo. Por suerte nos acercamos a un control militar, y allí nos tranquilizaron al informarnos que aquel todoterreno blanco había pasado horas antes en dirección a Rabuni. ¡Qué alivio sentí en aquel instante!

Al regreso de aquel viaje le hablé a mi madre sobre la expedición y lo hermosa que es la zona de Ajshash, con sus camellos y sus beduinos. Y ella me respondió:

—Soñé que algo te había ocurrido y que estabas preocupado, pero no le di importancia. Era un sueño.

Le conté entonces lo que realmente nos había pasado. Ella me decía a menudo que los sueños muchas veces se convierten en posteriores acontecimientos en la realidad. Esa visión o premonición, la explicaba mi hermana Nana con una expresión saharaui que dice algo así como que "con mamá está algo". Con lo que quería decir que nuestra madre era visionaria.

Mi padre afirmaba sobre los consejos de Detu que cuando la familia no le hacía caso en algunos asuntos, casi siempre salían mal. Mi padre era consciente de que en los pensamientos de mamá afloraba mucha inteligencia. Él reconocía su superioridad en formación y conocimientos y su cordura, por eso decía que consultaba todo con ella y le pedía su opinión, aunque no siempre hiciera caso a nuestra madre.

La última vez que estuve con Detu fue en Semana Santa del año 2006, la encontré cansada y débil, se notaba la factura que le pasaban los años de exilio. Yo tenía mucha ilusión por grabar con ella algunas historias que quería utilizar para mis trabajos de investigación, pero no se encontraba bien. Semanas más tarde de mi regreso a Madrid conversaba con ella por teléfono, cuando ya estaba bastante mejor y con su acostumbrada lucidez y buen sentido del humor.

Aprovechamos entonces para hablar casi todas las semanas, ella me recitaba por teléfono algunos poemas y yo le preguntaba por otras historias de la familia, consultaba con Detu relatos, anécdotas y los nombres de algunos lugares y personajes de la literatura hasaniana. Mi madre dialogaba con toda lucidez, matizando hasta los pequeños detalles de menor trascendencia, para ella los acontecimientos secundarios también eran importantes a la hora de trasladar historias fidedignas y contrastadas.

Mantenía la voz firme y alegre, se reía conmigo de algunas preguntas imprevistas que le hacía por primera vez, como "mamá, ¿dónde conociste a mi padre?" y ella me explicaba "nos lo ha traído Agmeini Uld Nayem en Aboilay Leyuad". Agmeini era un íntimo amigo de mi padre. Yo me reía de la forma con que empezaba la respuesta: "Nos lo ha traído...". Esta es una pregunta que habitualmente no se hace en la cultura saharaui a los padres, pero da idea de mi grado de complicidad con ella.

En julio de 2006 le alquilé una casa acondicionada en Tinduf para que pasara allí el verano y se librara de las desorbitadas temperaturas que sufren los refugiados, pensando siempre en su frágil y delicada salud. Pero al cabo de un mes y medio me llamaron mis hermanas y me dijeron que mamá quería irse a su *jaima*. Hablé con ella para decirle que todavía hacía mucho calor y que debía terminar la parte más dura de agosto, pero ella me dijo: "Me voy a los campamentos donde tengo mi *jaima*. Ya estoy bastante bien". Traté de convencerla para que se quedara hasta que refrescara el tiempo, hacia octubre, pero tuve que respetar su decisión, como siempre hice. Detu tenía el corazón delicado debido al asma que padecía desde muy joven, y un físico por naturaleza que le hacía muy delgada y frágil.

19

Siempre he sentido mi forma de ser reencarnada en la suya, sociable, tierna, amable, sembrando amigos en cualquier lugar, y sin saber odiar ni guardar rencor a nadie. El viernes 20 de octubre de 2006, correspondiente al día 27 de Ramadán, visitaba a su mamá, mi abuela Nisha. Tras tomar el té, Detu le entregó sus regalos de pascuas y le pidió el perdón de los creyentes. Instantes después dejaba de existir a raíz de un infarto. Estará presente siempre en mi corazón como ella me enseñó a quererla.

II.

MEMORIAS Y RECUERDOS:
NUESTROS VIEJOS AMIGOS

Los recuerdos de mamá seguirán eternamente palpitando en mi corazón con la proyección de su pensamiento, su carácter humano, su bondad y su protección a los que la necesitaban. Siento fluir que su vida no ha acabado tras los rezos de despedida en tierras del exilio y los lamentos familiares por lo irreversible.

Era la *talha* de verde y densa copa llena de *anish* y *eljarrub*, y así la recordaremos los que hemos descansado bajo su acogedora y oportuna sombra.

Con estos recuerdos pretendo hacer un homenaje póstumo al ser más querido que he tenido en mi vida. La relación que he disfrutado desde niño con mamá no solo es la de madre e hijo, como es natural. He llegado con ella más allá de ese vínculo materno. Fue madre, maestra, cómplice, amiga y el ángel de mi salvación en cruciales circunstancias de mi vida. Cuántas veces me salvó al borde de la muerte por sed en los hostiles veranos del desierto, y cuántas veces velaba mis lamentos de niño enfermo calmando mi dolor con el olor de su *melhfa*.

En estos últimos años en el exilio sentí su falta, eché de menos sus charlas al son del té con sus amenos comentarios, crítica y certera visión sobre nuestra sociedad, fracturada por una injusta e impuesta guerra, que dividió nuestras familias, separó amigos, hermanos, padres e hijos y desterró a tantos lejos de sus raíces.

Mamá se quedó huérfana de padre cuando acababa de cumplir dieciséis años. Su madre, mi abuela Nisha, era una mujer fuerte, sana y muy inteligente, que supo educar a todos sus hijos y luchar por ellos en otros duros tiempos hasta que se hicieron mayores. Y unidos todos sostuvieron en alto el nombre de *Ahel* Omar Ali Embarek Fal. Dos de los hermanos de Detu se quedaron en las ciudades ocupadas por Marruecos. Alati Omar, su hermano mayor, murió sin que pudieran volver a encontrarse, en la ciudad ocupada de El Aaiún. Su hermana Boilili aún vive en la ciudad ocupada de Bojador. Sus otros seis hermanos y su madre, mi abuela Nisha, permanecen en los campamentos de refugiados saharauis en el sur de Argelia.

La abuela Nisha sin agua en el desierto

Mi abuela Nisha fue una mujer que desde muy joven se curtió en los azotes e inclemencias de la naturaleza de la *badia* y conocía perfectamente la geografía del territorio, su fauna y flora. Era el centro sobre el que giraba toda la familia, al quedarse viuda siendo aún joven y fuerte. Contaba mi tío Moulud que una vez la familia tenía su acampada en la región de Eselb, cerca de la localidad de Bir Enzaran, debía ser hacia el año 1971, y era un verano muy caluroso y fuerte en Tiris Central. Los hijos mayores de Nisha, Alati y Mohamed, prepararon sus dromedarios para traer agua desde muy lejos, lo que llaman los beduinos *errualla*. El viaje en busca de agua a veces dura un día si los pozos no están lejos y a veces se complica la búsqueda y tardan más de lo previsto. Nisha se quedó con el resto de la familia y los dos nietos pequeños, mi primo Ehmoidilat y Muhamiyu, mi hermano, que fue criado de pequeño por la abuela.

Pasados varios días no llegaba *errualla* y el agua que tenía la abuela se había ido agotando, a pesar de la severa racionalización que ella llevaba, intentando ganar tiempo mientras regresaban sus hijos con el agua. Pero el calor y su *irifi* de *smayem* podían con los más intrépidos y cautos, especialmente durante esa estación del verano, deshidratando los animales y poniendo en riesgo a sus amos. Los dos niños no cesaban de llorar para que les diera de beber y ella intentaba calmarlos con sorbitos en un vaso de los pequeños con los que preparamos el té para que no se deshidrataran. Finalmente decidió enterrar a los dos pequeños debajo de su *amshakab* porque allí no llegaba tanto sol y guardaba un poco de humedad.

Con los niños bajo el *amshakab* esperó todo el día, administrando los sorbitos de agua que al final mezclaba con un poco de leche agria de camella, para disminuir en los niños la sensación de tener el estómago vacío, mientras esperaba la llegada de la noche para que se refrescara el ambiente o ver si algún *deyar* se acercaba con su cuenco de leche o agua. Aguantó toda la noche con la ilusión de la aparición de sus hijos y el agua, porque si pasaban otro día solos daba por segura la muerte de sus dos nietos.

Invocaba a Dios y a todos los santos para que le ayudaran antes de ver la tragedia. Con los primeros rayos de luz de la mañana Nisha divisó las siluetas de dos jinetes que iban muy apresurados hacia la *jaima*, pero con la sed que tenía tras los tres días de espera se le nublaban los ojos, por lo que no veía con exactitud si eran sus hijos o no. En efecto eran Alati y Mohamed, que regresaron justo a tiempo con el agua. Esta es una de las historias que mejor recuerdan mis tíos y también mi primo Ehmoidilat, ya que la sufrió en persona y la recuerda con muchos detalles.

Mariam Mint Mohamed Chej

Mamá también tuvo, además de nosotros ocho, otros dos hijos, Mohamed Yeslem Beisat y El Hafed, a los que cuidó desde que tenían meses de vida en los años setenta. Su madre, Mariam Mohamed Chej Maatala, fue la mejor amiga que tuvo en su juventud, era hermana de Hanafi Mohamed Chej Maatala, componente de aquella mítica primera generación de jóvenes universitarios saharauis que se formó en la época de la metrópoli y fundaron el Polisario.

A Hanafi le conocí cuando yo tenía trece años, durante el verano de 1973 en Castellón de la Plana, sin saber de su parentesco con la amiga de mi madre. Recuerdo que nos recibió en el aeropuerto de Valencia ese verano, yo venía de vacaciones que organizaba la juventud a través del gobierno general del Sáhara cuando era provincia española. Hanafi fue de los primeros estudiantes saharauis que más se destacó en las filas del Polisario en los primeros años del proceso. Cayó en los años setenta siendo dirigente y muy joven. Su hermana Mariam, madre de Mohamed Yeslem y El Hafed, fue una mujer de una belleza singular, motivo de estos versos que le recitaba su compañero de vida Beisat Uld Deish Uld Boyda. Todos ellos hoy descansan en paz, Mariam, su hermano Hanafi y su esposo Beisat. Siempre creí que los versos eran del propio Beisat, hasta que en mis investigaciones descubrí que son del poeta mauritano El Mojtar Uld Haddar. Tal vez a Beisat, hombre de letras versado en literatura saharaui y poeta en lengua hasania, los versos le sonaban cercanos al mencionar el nombre de su mujer de la forma en que él la llamaba cariñosamente, Mrayuma, diminutivo cariñoso de Mariam.

و اعلي امريوما نوما   اعلي لبن البل عت طاب

لبن البل و امريوما نوما   و الدنيا كاع الل اشراب

Acostumbrado a la leche de mis camellas,
acostumbrado al amor de Mrayuma.
Y esta vida, todo es dulce bebida,
la leche de camellas
y estar al lado de Mrayuma.

Estos versos los recitaba mi madre a sus amigas, con quienes disfrutaba de gratas y amenas charlas que se desarrollaban al son de las acrobacias del ritual del té saharaui, el señor de las tertulias. Los versos los aprendí a mis trece años y se me quedaron grabados para siempre, porque suponen lo fiel que fue la amistad de mamá con su mejor amiga, por eso ya son eternos pasajes de la memoria con los que las recordaremos siempre.

Cuenta mi tía El Iza que cuando enfermó, Mariam vivía en Ausert separada de su marido, Beisat, que se encontraba retenido por el ejército marroquí en El Aaiún. Eran los primeros meses de la ocupación del Sáhara y no le permitían ir a verla a Ausert, que se encontraba entonces bajo dominio mauritano. Beisat era, como he señalado anteriormente, un buen orador y poeta. Solicitó a los ocu-

pantes varias veces que le dejasen ir a ver a su mujer, que
estaba enferma. El tiempo iba en su contra y desesperado
por ver a su mujer se refugió en estos preciosos versos
que le dedicó titulados "El deseo de mi alma":

غي عند الحكوما لخلاك الليل داير

نلك فيهم مريوما ساعا وربع في الطاير

Mi alma inmersa en tinieblas
demanda a ese poder,
hora y cuarto en avión,
para reencontrarme
con Maryuma.

Hanafi

Detu contaba una historia relacionada con la singular
hermosura del profeta Dauda, David en la Biblia, y
cuando conocí en 1973 a Hanafi Uld Mohamed Chej me
saltó la imagen que tenía memorizada del profeta David,
según el relato de mi madre. De niño, cuando ella me
contaba una historia, yo la escenificaba en mi pensamiento e imaginaba la fisonomía de los personajes según
la fuerza descriptiva con la que mamá me la relataba.

A Hanafi le conocí, sin saber que era hermano de la
mejor amiga de mi madre, el verano de 1973 y le vi de
noche, sobre las tres de la madrugada en el aeropuerto

Manises de Valencia. Bajábamos por las escalerillas del avión y en mitad de estas un chico que bajaba detrás de mí, y que por lo visto conocía muy bien a Hanafi, exclamó con un saludo: "¡Hola, hola, Hanafi!". Hanafi nos estaba esperando junto a las escaleras con otros cargos de la juventud saharaui del Gobierno General del entonces Sáhara Español. Se acercó a la fila de niños que bajábamos del avión y nos saludó uno por uno. Su rostro me pareció el de aquel profeta del relato de mamá, Dauda, moreno, alto, con una melena de pelo lacio y negro, unos ojos llenos de vida, tiernos y de una mirada profunda que parecía querer decirte algo.

La historia que contaba Detu sobre el profeta aparece en varios pasajes del Corán. Según la escuché comentar en varias ocasiones, el profeta David fue el hombre más bello que se conoció desde la creación del universo. Se cuenta que una vez visitó un recinto donde unas mujeres hilaban y cortaban con unas tijeras bien afiladas unas telas. Las mujeres, al verle, se sintieron abrumadas y contagiadas de su belleza, y en vez de cortar las telas cortaban sus manos sin darse cuenta ni sentir las heridas. Su hermosura era inigualable según los relatos que guardan algunos libros de antiguas ediciones árabes.

Otros íntimos amigos de mi madre

Cuántos amigos y amigas tuvo mamá en su vida, cuánta gente la recuerda en otras épocas con su buena vecindad en los llanos, campos y valles de Tiris, en las blancas, sedosas y finas dunas de Legreiaa o de Elb Um Duellat. Está viva en esos preciosos parajes del Tiris meridional donde acampaba con su *frig* de familiares y amigos, como en los montes de Auserd, Leglat, Derraman, Wankarat, Gleybat Legleya, Bu Lariah y otros tantos lugares de la tierra que han sentido su falta en estos últimos años de refugio hasta su desaparición.

Tuvo muchas amigas, pero las que más recordaba y de las que más hablaba en estos últimos años de refugio y exilio eran Mariam Mohamed Chej; El Bagra Mint El Kenti y su madre, Gali Mint Edaf; Lamat Mint Hammada; Heimu Mint Farachi; Mneimunat Mint Ahmed Lali; y Treibi Mint El Kori. El hijo de esta última, Sidahmed Barray, fue mi gran amigo de pupitre y excursiones en las montañas de Auserd. Le encontré de nuevo en los años ochenta convertido en un legendario joven dirigente militar, y le vi caer en combate aquel día 8 de agosto de 1987, en la batalla de Gleib Teralalal, cerca de Auserd. Muchas de aquellas amigas de mi madre ya no están vivas.

También ella y mi padre tuvieron grandes compañeros como Agmeini Uld Nayem, el amigo que les presentó,

Aglaminhum Uld Labeidi, Boiba Uld Edaf, Chejuna Uld Mulay Ali y sus hermanos Gah y Sidahmed. A la familia *Ahel* Sueilim Uld Ahmed Lebrahim la conoció desde una edad muy temprana y les recordaba como grandes amigos tanto de mi padre como de ella. Apreciaba mucho a aquella familia, de la que cuenta mi hermana Aichanana que fueron vecinos durante muchos años. También la familia de Dua Uld Ergueibi y sus hermanos, todos fallecidos durante estos últimos años de exilio. La lista es interminable, también debo mencionar a El Fadel Uld Sidi Alal, Humid Uld Ahmed Uld Hmeimid o Mohamed Abdelahe Uld El Galaui, juez y poeta muy conocido en los años setenta en el Sáhara Occidental. Uno de sus hijos, por cierto, fue mi compañero de estudios en el Sáhara y en Cuba, un amigo al que aprecio mucho, sobre todo a raíz de tratarle más estrechamente en nuestra época de estudiantes en el exilio. Tenía aires de aplicado y cultivado como su padre, Mohamed Abdelahe. Otro gran amigo fue Mohamed Uld Noucha, que vivió un tiempo en nuestra casa de Auserd, cuando prestaba servicio militar destinado en nuestro pueblo junto a mi padre en los años setenta.

En estos últimos años en el refugio mi madre tuvo también muchos amigos, pero yo quería seguir rastros de sus memorias de joven en el Sáhara, donde más recuerdos guardo de ella, de su juventud y de nuestra infancia.

Estos periodos de su vida los pasó disfrutando de nosotros siendo muy joven y fuerte. Con el nacimiento de mi hermana mayor en 1958, mamá ya había madurado lo suficiente. A la gente que la conoció le inspira mucho su inteligencia y educación, incluso daban ejemplo con ella a propósito de mujer inteligente y querida por los que la rodeaban.

Seguir hablando de sus amistades es complacerla, es seguir sus buenos consejos, es ser simplemente agradecido con los demás como ella recalcaba, "hay que recordar los amigos, no hay que olvidarlos porque son hermanos que cuando los hemos necesitado allí estaban cerca".

Estos amigos que he querido buscar y recordar como ella siempre nos aconsejaba me llevan a su vida en otros tiempos, son un eslabón perdido de mi infancia, porque en el rostro de cada uno encuentro que mamá está en ellos.

A algunos de sus amigos los he visto en estos años de exilio, con tantas ganas de volver a respirar el aire del que se alimentaron muchos años en algún lugar del Sáhara, ya canosos y cansados, por la larga espera en el exilio. Muchos se quedaron consumidos por el desgaste de la larga estancia en el peor desierto que hemos conocido en estos más de treinta años desterrados fuera de nuestro hogar.

III.

EL ENCUENTRO DE ABOILAY LEYUAD: NUESTROS AÑOS EN EL SÁHARA

En 1956 en la localidad de Aboilay Leyuad, a cuarenta kilómetros al noreste de Auserd, se encontraba practicando su vida nómada la familia de mamá, *Ahel* Omar Ali Uld Embarek Fal. Detu tenía entonces dieciséis años. Mi padre era un joven de dieciocho años y prestaba servicio militar en Tropas Nómadas, un equivalente a tropas especiales, un cuerpo creado por España en los años treinta que también se denominaba en el Sáhara *lharca* o "partisanos".[i]

Auserd dista a unos cincuenta kilómetros del valle de Aboilay, mi padre ya conocía a la familia de mi madre y cuando se enteró de su nueva acampada solicitó un permiso de unos dos días para ir a verles con su amigo Agmeini Uld Nayem. A Detu, un mes antes de dejarnos, le pregunté y ella me contó cómo y dónde se conocieron mis padres.

Allí mi padre formalizó la petición de mano acompañado de su mejor amigo como mediador, y meses más tarde se casaban en la localidad de Dumsia, límite norte

---

i. Los partisanos que se mencionan en el libro son rebeldes alzados contra la presencia colonial en su territorio.

de Tiris con Zemur Labiad. Desde entonces mis padres vivieron felices juntos, trasladándose entre Auserd y las diferentes localidades de Tiris.

Todos los hermanos crecimos juntos en el seno de una familia humilde y unida, y mi mamá dirigió toda nuestra educación desde muy pequeños, enseñándonos a leer y escribir las primeras letras del abecedario. Además, nos matriculó en los primeros colegios que se crearon en Auserd en los años sesenta, privilegio que tenían pocos niños de nuestra zona, debido al carácter nómada de sus familias.

Cuando los valles del pueblo se ponían verdes y frescos, a la gente se le despertaba el instinto del nómada y dejaban sus casas para disfrutar unos meses de acampadas en un *uad*, una *grara* o un valle de Tiris.

Se compraban unas cabras u ovejas para tomar leche y elaborar *edhen* y *zibda*, exquisitas mantequillas que se preparan con la leche de las camellas o las ovejas. El regreso a la vida nómada presentaba múltiples ventajas para las familias, pero también el inconveniente de que los niños debían abandonar las escuelas durante el tiempo que duraba el nomadeo. Mamá buscaba siempre la manera de mandarnos al colegio y no perder las clases, a veces nos llevaban amigos que tenían coche y otras veces me tuve que buscar la manera de llegar. A veces me tocaba caminar varios kilómetros con otros amigos, como cuando estábamos acampados en el valle Lmanhar, madrugando mucho para llegar cada día hasta mi colegio, y por las tardes regresábamos en coches de los vecinos, que trabajaban durante el día en el pueblo.

Mi padre muchas veces nos dejaba solos porque tenía que cumplir servicio en patrullas, vigilando las fronteras y a veces le tocaban largas misiones en otras localidades, en Tichla, Agueinit o Bir Nazaran. A finales de los años sesenta mi padre solicitaba la baja del servicio en el ejército, después de varios años en activo. Montó un pequeño establecimiento de venta de miel de colmenas que traía de Mauritania y otros géneros cosméticos para mujeres.

Pero ese año 1969 llovió mucho en todo el territorio, sobre todo en Tiris, y mi padre compró un coche todoterreno, un Land Rover Santana de un amigo suyo llamado Humid Uld Ahmed Uld Hmeimid, y decidió aquel año salir de la ciudad con la familia para acampar con mis tíos en los valles de Amiskarif, Wankarat y Amzeili. Mamá no estaba de acuerdo con él porque mi padre pagó parte del precio del coche con cinco dromedarios de carga que teníamos y que ella apreciaba mucho. En ciertas ocasiones, cuando veía que el coche se quedaba sin batería y tenían que empujarlo para arrancar, lloraba recordando a aquellos dromedarios en los que acostumbraba a llevar sus enseres y viajar sin problemas.

Allí estuvo la familia casi todo el verano junto a la de mis tíos maternos. Recuerdo que esa zona era el feudo de una raza de gacelas que llamaban *sfara*. Allí pastaban decenas de rebaños en los valles y por la noche se subían a las cordilleras para no sufrir los ataques de los zorros y lobos. Mi padre y mis tíos a veces cazaban algunas persiguiéndolas con el coche y la distribuían entre las familias y vecinos. Su carne es muy codiciada entre los saharauis y estaba protegida durante la época de la metrópoli a pesar de las indiscriminadas cacerías que realizaban las patrullas de Tropas Nómadas que recorrían las fronteras del territorio.

Mi tío Moulud

A veces escuchaba a mi tío Moulud, hermano de mi madre, contar historias sobre rotundos fracasos en las cacerías que montaba, que le solían salir fatal. Mi padre y otro de mis tíos, Mohamed, se reían de Moulud llamándole "el cazador fracasado". Mi tío tenía un arma de poco alcance y debía acercarse mucho al objetivo para abatirlo, por lo que la mayoría de las veces los animales le descubrían.

Moulud es un personaje muy importante en nuestra familia, todos le consideramos como muy inteligente y siempre es centro de todo tipo de historias y anécdotas. Tiene su propia filosofía sobre la vida, argumentando con sus ideas cualquier acontecimiento que le ocurría en sus jornadas de pastor, cazador, *deyar*, excavador de pozos o domador de dromedarios. Gastaba macabras bromas a sus hermanos, a gente conocida y a mi padre, a quien aún tiene aterrorizado con sus inesperadas fechorías.

Mamá me contaba a menudo historias de Moulud, de las tantas protagonizadas por su hermano. Una que refleja muy bien el carácter de mi tío es aquella que cuenta cuando Moulud y sus amigos, con ocasión de la celebración de una boda en la vecindad de su *frig*, se trasladaron por la noche a donde se estaban desarrollando los festejos de la boda. Por tradición antiguamente las bodas se disfrutaban durante una semana completa. Entre los saharauis, durante los días que dura la boda, se hacen competencias de carreras de camellos, se juega a la petanca saharaui, y a *um talbat* y *araah* y el juego de *dabus* "el bastón", se hace una competición de tiro con fusil llamada *shara*, y de noche se disfruta de música, danzas y copiosas comidas principalmente carne de dromedario preparada sobre brasas, que es el plato más codiciado entre los nómadas del desierto saharaui y el típico cuscús.

Volviendo a la historia de Moulud, aquella noche de boda planificó su plan de llevarse las dos mitades de un dromedario preparadas para agasajar a los asistentes al banquete. Se escondió con su parranda cerca de *zriba*. A esa hora de la noche el ganado de la familia se encontraba descansando, *barracado* en el suelo y rumiando lo que habían albergado en sus voluminosos estómagos durante la jornada del pastoreo. Moulud aprovechó en la oscuridad un despiste de los organizadores y asaltó la cocina, llevándose un cordero entero y sus amigos se llevaron otras partes del dromedario a la brasa. Alguno de los organizadores se dio cuenta y gritó para avisar de lo que estaba ocurriendo. Varios hombres se lanzaron persiguiendo a los bandoleros bromistas del *frig*.

Moulud, sin pensarlo más de una vez, saltó encima de una anciana camella domada que estaba descansando, la hizo levantarse y se subió encima de su lomo sin moverse. Con la oscuridad ninguno de los organizadores de la boda le vio ni sospechó de la camella levantada, y mi tío se quedó comiendo el cordero encima del lomo de la dromedaria hasta que vio que regresaban los perseguidores de sus amigos con las manos vacías. Entonces se sintió a salvo y bajó de un salto del lomo de la dromedaria, dirigiéndose donde habían huido los otros. Esta historia la escuché en boca de mi madre en más de una ocasión, cuando ella comentaba con los amigos las célebres historias del cazador frustrado, mi tío Moulud.

Mi rechazo a las grasas

A mamá le causaban mucha risa las bromas de su hermano y las celebraba con sus amigos y familiares. Cuando estaba a salvo de los malos ratos que le causaba el asma, se divertía mucho con nosotros y con nuestras ocurrencias. Conocía perfectamente a cada uno de sus hijos y disfrutaba de nuestras historietas y tropiezos infantiles.

Contaba mi madre que yo desde muy pequeño tenía un absoluto asco a las grasas de los animales y sus derivados, sebo, mantecas, mantequillas y sobre todo rechazaba su olor. En una ocasión me congestioné mucho, ella estaba preocupada porque sabía que el remedio tradicional que se utilizaba no iba a ser de mi agrado, así que me cogió por la fuerza y me pasó por las fosas nasales unas gotas de *edhen* templado para que se me desatascasen. Se trata de un remedio tradicional muy efectivo que se sigue haciendo en la *badia* como analgésico. Mi madre confiaba mucho en su eficacia, pero a mí me daba un asco terrible. Me soltó y me escapé de ella restregándome todo que pude para eliminar aquel horrible olor.

Detu afirmaba que yo nunca le había dicho palabrotas ni insultos, pero que aquella vez le dije furioso:

—Mamá, te prometo que cuando pueda cogeré orina, esperaré hasta que te duermas y te la pondré en la nariz como tú me has hecho con esa asquerosa grasa.

Ella se reía de esta historia y me la recordaba muchas veces, siendo yo ya mayor, cuando por la noche nos reuníamos en torno al té en el ambiente de la familia y mamá sacaba las barbaridades y tropiezos de cada uno de nosotros cuando éramos pequeños. Ya de hombre le dije:

—Mamá, ¿me perdonas por aquella historia?, siento remordimientos después de todo.

Y ella se reía y me decía que no recordaba nada en mí que supusiera mal comportamiento hacia ella.

—No tienes nada de lo que pedirme perdón, nunca me has hecho ningún mal— finalizó.

Recuerdos de nuestro hogar en Auserd

La última vez que estuve hablando con ella por teléfono fue una noche del mes de octubre de 2006. Le pregunté:

—Mamá, ¿dónde te gustaría estar ahora mismo acampada con tu *jaima* y unas *shuail* de la raza tirseña?, ¿en algún lugar de Tiris?

Y ella sin titubear ni pensarlo apenas, con su habitual y dulce sonrisa me dijo:

—¿Sabes dónde? En la falda de Galb Ashalay.

Me reí un rato y le respondí:

—Mamá, qué precioso lugar has elegido.

—Pero Galb Ashalay, ¿seguro que está en los territorios liberados o se ha quedado detrás del muro que construyeron los marroquíes?

—Mamá, debes preguntar al poeta Badi, porque tiene un poema dedicado a Galb Ashalay.

Le aclaré entonces que este monte se encuentra en la parte ocupada, y que esto me rompía el corazón, porque

los ocupantes no conocen lo que supone un monte de Tiris para un saharaui, como Galb Ashalay y su duna.

Me contó que en los años setenta estuvimos viviendo
allí, y que aquel fue un buen año porque llovió mucho y
todo el territorio se volvió verde, se llenó de dromedarios
y de *jaimas* de amigos y familiares, hubo mucha prosperi-
dad para todos, que no se puede olvidar. Terminé asegu-
rándole que algún día volveríamos a visitar y acampar en
aquellos *mirhan* del ayer.

Mamá fue siempre optimista, nunca la vi resignada por
lo complicado de nuestra situación o los problemas inesperados que se le presentaban. Creo que he heredado de
ella ese optimismo, que fue lo que me ayudó a resistir
durante los once años de exilio que estuve lejos y separado de ella.

Recuerdo que en nuestra casa de Auserd mi tío Mohamed Fadel, Boiba, había escrito en una de las paredes
unos preciosos versos de un poeta árabe preislámico, que
decían:

| ولا يغــــدر بصاحبك الزمان | إلا يا دار لا يدخــــــلك حزن |
| إذا ما ضاق بالضيف المكان | فنعـــم الدار تأوي كل ضيـف |

Oh, mi casa,
que en ti no haya rincón para el luto
y que los malos tiempos

no te rindan,
la bendición del hogar
es resguardar el huésped
cuando está al desamparo.

Los versos los escribió mi tío Boiba, con una bella tipografía árabe y enmarcada dentro de un cuadro geométrico, de los típicos que se usan para adornar los cueros en la artesanía tradicional beduina. Mamá comentaba que aquellos versos le transmitían al leerlos que nuestra casa sería refugio y cobijo para quien lo necesitara. También estaban escritos otros versos que trataban sobre la buena hospitalidad, pero ahora ya no los recuerdo.

Abandoné nuestra casa en el otoño de 1975 y no volví a verla hasta once años después, un mes antes de que Auserd cayera en manos del ejército marroquí. Anteriormente mi pueblo había estado ocupado por Mauritania desde 1976 a 1979. Tuve la suerte de ver nuestra casa en el verano de 1986, junto a mi tío Boiba. Me emocioné al ver aquellas paredes entre las que había transcurrido toda mi infancia, y ahora la encontraba destruida por la guerra. Intenté buscar la pared donde estaban aquellos versos, en medio de los escombros, pero todo estaba derruido.

Mi tío me advertía:

—Ten mucho cuidado que aquí todavía hay granadas, minas antipersonales y obuses sin explotar de los ejércitos mauritano y marroquí. No podemos rebuscar más, esto es lo que nos han dejado los invasores, ruinas y más ruinas.

Justo enfrente de nuestra casa encontramos los otros escombros de lo que era la casa de mi maestro Mohamed Abdalehi Uld Beddi, y de las casas de otras familias de Auserd, como *Ahel* Nayem Uld Ahmed Laali o *Ahel* Esahil, la de El Galb Uld Ahmed Zein, la de Boiba Uld Eddaf y la de Mohamed Abdelahi El Galaui y muchas otras ruinas, hogares de vecinos muy cercanos a mi memoria de niño.

La ausencia de papá

Mi padre siempre se las ingenió mientras estuvo en el ejército para hacer otros trabajos que incrementaran los ingresos familiares. En esos negocios siempre se apoyó en mi madre, a quien recuerda como "la mujer más inteligente que he conocido jamás, mi apoyo durante las tres décadas que estuvimos juntos. A veces no escucho sus consejos, pero al final acabo ejecutándolos porque todos son razonables, surgidos de la realidad y de su increíble capacidad de ver las cosas".

A finales de 1969 mi padre viajó a Zuerat, ciudad mauritana en las fronteras con el Sáhara, para traer mercancía para la tienda y en el camino, mientras descansaba en unas *jaimas* saharauis, se presentaron dos individuos pidiendo que les ayudaran para remolcarles un coche que se les había averiado cerca del lugar. Mi padre, con buenas intenciones y sin dudarlo, mandó con ellos a su conductor y su coche, y se quedó esperándolos en las *jaimas* anfitrionas.

El caso es que todo aquello era una operación montada para robar el coche, debido a deudas pendientes entre el primer titular y aquellos individuos, porque mi padre lo compró a un segundo dueño, que no tenía que ver nada con toda aquella deuda, al igual que mi padre. Papá se marchó a El Aaiún para denunciar el secuestro, y tuvo que entrar en juicio con los autores del delito y los anteriores titulares, que fueron citados por el tribunal de El Aaiún.

El proceso duró varios meses y justo en la semana después de ganar el juicio fue cuando se preparó para salir de El Aaiún, después de mucho tiempo separado de nosotros, justamente ese mismo día 17 de junio 1970 estallaba la primera sublevación saharaui que exigía a España avances sociales para nuestro pueblo. Aquellos incidentes se conocieron como la sublevación de Zemla o Barrio de Piedra, que causaron varios muertos entre los manifestantes saharauis, y la desaparición, hasta hoy día, del primer autor intelectual del proceso de liberación nacional saharaui, el periodista Sidi Brahim Basiri, de quien no se ha vuelto a saber nada desde entonces.

La Legión[8] arremetió contra los manifestantes, causando víctimas mortales, y la ciudad fue aislada del resto del territorio. Mi padre no pudo salir y tuvo que esperar semanas para poder viajar. Contaba que el gobernador de Auserd, con el que había trabajado muchos años, prestaba servicio por esa época en El Aaiún y fue quien le hizo un certificado para salir sin tener problemas con los controles de La Legión que sitiaba a la ciudad.

Mi madre y nosotros, todos pequeños, pasamos aquel año solos en la *badia*, junto a nuestros tíos. No podíamos ir al colegio, aunque mamá siempre estaba pendiente de darnos clases en *louh*. Ella se encargó de tutelar la vida de nuestra familia, desde cuidar los dromedarios que teníamos hasta administrar y racionar los víveres para alimentarnos. Nos protegió y cuidó a todos con la ayuda de sus hermanos Moulud, Mohamed y Boiba. Mi padre nos mandaba siempre que podía dinero, ropas y víveres.

El primer magnetófono, marca Philips, que conocí nos lo mandó mi padre con unos amigos. Mandó uno para mamá y otros para regalar a mis tías. He de confesar que aquellos aparatos levantaron en mí una curiosidad inagotable durante mucho tiempo. Los miraba una y otra vez, me fijaba por dónde le salía la voz y trataba de averiguar

8. La Legión Española, o simplemente La Legión, es un cuerpo de las Fuerzas Armadas de España.

45

dónde estaban escondidos los cantantes y las personas que hablaban, y cómo podían ser tan pequeños para caber dentro de ese espacio minúsculo, un receptor dentro de un precioso estuche de piel color marrón y con una cinta ajustable para llevarlo colgado.

Mamá entendía mi asombro, me observaba, se reía de mi empeño en encontrar a los cantantes dentro del magnetófono, pero pretendía que yo mismo hallara la incógnita, que buscara un razonamiento para dar con la explicación y llegar a la conclusión, a través de la lógica, de que allí dentro no podían estar viviendo personas.

Mamá sacaba la radio para las charlas y momentos de descanso cuando invitaba a sus hermanas o a las amigas y vecinas a tomar té. En aquellos días éramos cuatro hermanos, mi hermana mayor, mi hermano que me sigue, una hermana que le sigue a él y yo. Decían los hermanos de Detu que era autosuficiente para cualquier eventualidad de la *badia*, tanto para su familia como para los demás. Cuando azotaban los imprevistos sirocos del desierto, acondicionaba su *jaima* tensando los vientos principales y aflojando los secundarios para que no se rompiera, nos cobijaba a los niños en un lugar seguro y salía a ayudar a otras vecinas del campamento, a las que se les levantaban las faldas de las *jaimas* o incluso se les caían encima.

Sabía ordeñar las camellas, sujetarlas, despedirlas por la mañana junto a los rebaños de sus hermanos y de noche separarlas del resto y llevarlas junto a nuestra *jaima* para ordeñarlas y sacar la leche para la familia. No era una mujer corpulenta, tenía un cuerpo muy fino, alta y muy ágil, no era de tendencia a engordar con facilidad, aunque sí le gustaba esa constitución gruesa cuando era muy joven. En estos últimos años entendía el problema de salud que genera la obesidad y se cuidaba mucho para no engordar.

Comía siempre con nosotros en el mismo plato. Repartía la carne en pequeños trocitos y nos decía "para que no os atragantéis". Decía que comer en exceso es de mala educación y no le gustaba ver a gente que comía con delirio, le daba mal gusto a la comida, buena virtud que aprendí de ella desde pequeño.

Contaba que una vez nos visitó un señor de Mauritania, un hombre glotón que comía con ansia y que yo al verlo, desde el primer día, le decía: "Mamá, yo no voy a comer aquí mientras que este señor esté en casa, me da asco como come". En nuestra sociedad hablar de comida es de poca educación y no es de la ética de los saharauis porque siempre hay otros temas de más relevancia que deben estar ocupando la atención y preocupación de las mentes inteligentes.

Mamá relataba que el tiempo que estuvo en casa ese señor no comí ni un día con ellos y que me marchaba a comer con mis tías para no ver al señor don glotón. Ella se reía mucho con mis reacciones y le hacía mucha gracia el rechazo que yo tenía hacia aquel huésped.

Mi madre era tan buena que no mostraba a nadie su descontento o incomodidad, ocultaba los defectos de los demás y no le gustaban nada los rumores o cotilleos de las personas fanfarronas. Era exquisita y brillante en su trato a los demás. Sus amistades fueron siempre gente de comportamiento excelente de los que aprendía cada día más y con quienes enriquecía su saber.

Guardo en la memoria infinitas historias de pequeño con mamá. Ella me recordaba que no me asustaba nada, ni los cuentos del monstruo de la noche, que me contaba mi abuelo, ni tampoco los animales del desierto que se dicen entre los saharauis que hacen brujerías para llevarte a sus madrigueras, como el caso de *edabaa*, la hiena del desierto, que es muy peligrosa.

Mi falta de miedo me hacía esconderme de noche debajo de unas tinajas para asustar a mis tías, soltando ruidos extraños y haciéndoles malas jugadas. Una vez, cuando yo tenía ocho años, los amigos de mis padres se apostaron conmigo a que me atreviera a llevar una linterna y colocarla encima de unas tumbas en un cementerio. Los amigos creían que no podría hacerlo, pero yo lo tomaba como una broma y no sentía esa sensación que puede tener una persona consciente del peligro o el respeto hacia el cementerio.

Era de noche, así que me dieron la linterna. Mi madre había salido para hacer algo en la cocina y no se dio cuenta de mi apuesta, creía que estaba tramando alguna de mis historietas para reír y que no iba a pasar de ahí. Salí de la *jaima* sin que ella se diera cuenta y me dirigí hacia el cementerio, que se encontraba pegado a la falda de una pequeña colina y allí, justo encima de una tumba, coloqué la linterna encendida orientándola hacia el lugar de donde había venido y volví.

Pero al regreso, como veían que no me asustaba, en mitad del camino se escondieron arrastrando unas ramas detrás de mí, tampoco me hizo reaccionar aquello. La sensación que yo tenía de aquellas cosas es que no hacían ningún mal, no tenía malos prejuicios.

Mi madre se enteró de lo que estaba ocurriendo porque todos los amigos venían detrás de mí, riéndose. Hamad-da Uld Daf, caído en la guerra, le dijo a mi madre:

—Tendrás un curioso hombre en el futuro.

Ella le respondió que mi abuelo Hamadi le dijo algo parecido. Mi abuelo me llamaba cariñosamente *ljruf*, corderito, nombre que se usa para personas que se piensa que dan buena suerte y a los que siempre acompaña la *baraka*. Mi abuelo paterno me miró y le dijo a Jadiyetu:

—Verás que este niño payasito será el hijo en el que la familia se va a apoyar.

Pregunté a mi hermana mayor sobre algunas cuestiones que quería saber de mamá, fue en una visita que hice a mi familia en los campamentos, después de que Detu nos dejara. Eran muchas las cosas que tenía pendientes de preguntar a mi madre cuando la visité por última vez en Semana Santa del 2006. Pero Detu no estaba en condiciones de responderme a una serie de cuestiones que llevaba preparadas en una agenda. Quería hablar con ella sobre poesía y autores y hacerle preguntas sobre mi infancia, mi huida debida a su decisión, qué había pensado de mí en aquellos años de ausencia, y cuestiones sobre sus mejores amigas, que de niño yo conocí. En fin, tenía mucho que hablar con mamá. Pero aquella semana en que la visitamos, la dediqué por completo a ella, pero a otras cuestiones muy diferentes de la poesía, o las anécdotas y recuerdos. Tuvimos que llevarla al hospital para hacerle análisis completos y extraerle los líquidos que su cansado cuerpo retenía. Lo cierto es que un mes más tarde se encontraba bastante mejor, yo le llamaba cada semana y todas las preguntas que tenía pendientes me las pudo responder por teléfono.

Mi hermana me contó, sobre mi huida aquella lejana noche de luna llena en 1975, que cuando mamá tomó la decisión de prepararme para huir rezó detrás de mí unos versículos, con los que quería asegurarse de que no me pasaría nada malo. A menudo decía mi hermana Nana que mamá era visionaria, presentía los buenos augurios y seguía su intuición con total optimismo en cualquier circunstancia, confiando siempre en que todo saldría bien.

Contaba que tomó esa decisión porque veía que se me abrirían otros horizontes y que se sentía aliviada porque no iba a verme corriendo la suerte de muchos jóvenes que se convirtieron por necesidad económica en chivatos de los militares ocupantes, o simplemente en chicos perdidos, sin futuro ni oportunidad alguna. No se arrepintió en ningún momento de su decisión cuando hablaba sobre mí a sus familiares, vecinos o amigos que pudieron criticarle por su actuación: "Pero ¿cómo has podido dejar que tu hijo se escapase solo en medio de una guerra sin la protección de nadie?".

Recuerdo que en la huida encontré a un amigo, un excelente joven de mi generación y natural de Auserd, que se separó de mí nada más llegamos a una base del ejército saharaui en Gleybat Legleya; si no recuerdo mal se había encontrado con algún familiar camino al éxodo y se juntó a él. De allí ya no tuve más noticias hasta once años más tarde cuando nos encontramos de nuevo. Mi amigo Mohamed Fadel Nayum había estudiado telecomunicaciones, por lo que coincidimos y trabajamos juntos durante los años ochenta.

Las tertulias y el sabio Deylul

No había conversación que mi madre no iniciara con una frase célebre de algún sabio saharaui. Había una que aprendí de ella y que solía usar cuando la tertulia giraba en torno a un tema de historia, y del que mi madre consideraba que se debía estar bien documentado: "Hay que ser certero como las palabras de Deylul, si no la gente no te escucha". Mi madre contaba muchas historias de Deylul y lo consideraba como un ejemplo a seguir por la envergadura y certeza de su personalidad, lo que le hizo muy conocido entre los habitantes del territorio.

Mi madre afirmaba que Deylul fue sabio por su conocimiento absoluto de la naturaleza del nómada y su entorno. Decía que pronosticaba el tiempo basándose en cambios y trastornos que observaba en el comportamiento de los dromedarios y otros animales. Por todo ello era un referente entre los habitantes nómadas ante los cambios climatológicos. Sus afirmaciones eran irrefutables, se trataba de un superviviente nato ante las inclemencias de la naturaleza del desierto, debido al bagaje que poseía sobre el dominio del medio físico de su entorno.

Tuve la suerte en conocer a uno de sus nietos y compartir junto a él un largo viaje a Tiris durante los años ochenta. Yo al principio no sabía quién era, observaba su forma de intervenir en las charlas y su agradable trato a los demás. Pero un día le pregunté a bocajarro:

—Te llaman Uld Deylul. ¿Eres el hijo del famoso Deylul o es una coincidencia en el apellido?

Y antes de que me respondiera le dije:

—¿Sabes por qué te lo pregunto?, te he observado muchas veces hablando, siempre rotundo en tus afirmaciones, y no he podido constatar que alguien te haya podido desmentir o haya dudado de tus palabras. Todos los compañeros hablan bien de ti, y por eso mi pregunta, si eres hijo de nuestro Deylul o no.

Me preguntó de qué conocía yo a Deylul, y le expliqué que desde pequeño oía que mi madre hablaba de ese personaje y repetía una frase cuando dudaba de la fiabilidad de alguien como fuente de una información: "No tiene la certeza de las palabras de Uld Deylul". Después de una amena charla, el hombre me confesó que era nieto del sabio sahariano Deylul. Entonces le dije:

—Sin duda algo tienes que haber heredado de tu abuelo.

Y él me respondió muy sonriente:

—Con nuestra generación ocurre como con aquel proverbio que dice "el gran dromedario se levanta y deja su excremento". Nunca podremos ser tan buenos como lo fueron nuestros abuelos, ojalá no fuera así.

Recuerdo que cuando regresé a los campamentos de refugiados saharauis en Argelia le conté a mamá cómo había conocido al nieto de Deylul, y ella me miraba como si estuviera buscando en su memoria alguna historia de sus descendientes.

—No conozco a nadie de esa familia, pero creo que he oído hablar de una familia cercana a Deylul que vivía entre las fronteras del este de Tiris con Mauritania.

Y prosiguió:

—Deylul conocía el nombre de cada planta que crece y muere en el Sáhara. Dio nombres a todas las estaciones del desierto, pronosticaba los cambios atmosféricos. Siempre será recordado por su exactitud en ver y decir las cosas.

El hambre que pasó mi abuelo Omar

Detu nos contaba la fascinante historia que le ocurrió a su padre en el desierto. Mi abuelo materno Omar, quien falleció en 1959 como nos recordaba mi tío Mohamed Moulud, sobrevivió en una ocasión, extraviado en medio de una horrible tormenta de arena, que le separó de su ganado y la familia. Ocurrió mientras se trasladaban en caravana a una región con mucha hierba para los animales y buenos pozos, en la que tenían previsto acampar. Esta es su historia, que puso al límite no solo a mi abuelo sino a toda su familia y que les obligó a practicar el saber que aprendieron de sus antepasados para sobrevivir en el desierto.

Mis abuelos decidieron un día, cuando mi madre era pequeña, reunir todo el ganado y trasladarse a la región sur del territorio en busca de pasto y agua. De noche prepararon los dromedarios de carga y dieron de comer a sus seis niños. Desmontaron su *jaima* y procedieron a cargar todos sus enseres sobre el lomo de sus *emrakib*.

Los dromedarios estaban molestos porque se le había interrumpido su momento de descanso en *lemrah* tras una larga jornada de pastoreo; madres y crías entremezclados y nerviosos se buscaban en la oscuridad unos a otros con intercambio de berridos, y mi abuelo daba la voz de "ohh, ohh, ohh", voz que invita a los animales a estar tranquilos. Los *emrakib* de carga, separados del resto y tumbados frente a la *jaima* cada uno con su *jzama* enganchada en un aro de plata en la aleta superior de la nariz del dromedario, rumiaban tranquilos mientras les colocaban encima de sus lomos las primeras monturas de carga.

Nisha, mi abuela, ayudada por mis tíos Lajdar y Alati, el mayor de los hijos, de trece años, colocaban y sujetaban su montura de *amshakab* encima de Zeirig su dromedario favorito. Mientras, Omar intentaba terminar la carga del grueso de los enseres al lomo de los tres dromedarios de carga, Sheil, Lehmami y el potente Arumay, que siempre cargaba los grandes fardos, como la *jaima*, sus faldas y todos los *ercaiz*. Arumay era un macho robusto de color marrón oscuro, de hombros lanudos y musculosas patas, un animal de mucha elegancia y obediencia adquirida de su experto domador, mi abuelo. Su berrido le encantaba a mi abuela porque decía que era un animal fiel hasta en periodo de celo, tiempo en el que estos machos sufren trastornos hormonales por su estado y se enemistan con los amos por buscar independencia y soledad con las hembras.

Mi abuelo Omar sabía que en la parte sur había abundancia de pastos y era el lugar donde mejor podría estar con su familia e *ibil*. En el desierto las noticias, *lajabar*, corren de boca en boca entre los pastores y los *deyarin*. Suficiente información había recogido en sus trashumancias y encuentros con los beduinos que iba encontrándose, siempre atentos a los lugares donde habían caído las lluvias.

El tiempo y la oscuridad de la noche eran el factor que mis abuelos buscaban para recorrer decenas de kilómetros y amanecer en un posible lugar que les ofreciese la vida de absoluta tranquilidad y paz de los nómadas. Todo estaba preparado esa noche, puesto en marcha el ganado y orientado hacia la dirección sur donde a trote acamparían con suerte en una semana.

La zona donde se dirigían era desconocida para Omar y el tercer día, al alba, azotó un vendaval sin precedentes, vientos que soplaban del sur y ocultaban todo lo que pudiera divisar a un metro el ojo de un hombre del desierto curtido en esa hostil naturaleza. Mi abuela le gritaba a Omar que no se separara de ellos y que si se quedaba algún animal rezagado no lo siguiera. Él iba a trote de un lado a otro para mantener unido el rebaño y evitar despistes de los dromedarios pequeños que se quedaban atrás por no poder seguir el ritmo de los mayores.

De repente mi abuela perdió de vista la silueta que dejaba Omar sobre el lomo de Elbeyed, intentó buscarlo en los extremos del rebaño, pero no lo pudo ver, ni oír el sigiloso berrido del Elbeyed. Gritaba "¡Omar, Omar, Omar, ¿dónde estás?!", varias veces repitió "¡Ina lilahi!, ¡Ina lilahi!", profunda expresión que denotaba el dolor, la tristeza y la impotencia ante los dramáticos sucesos que se estaban desarrollando.

El mayor de los hijos, montado a su lado en *amshakab*, le decía "mamá, ¿dónde está mi padre, que no escucho la voz que da al ganado?". Nisha, cautelosa, le respondió que se había quedado atrás en busca de un *huar* rezagado y le intentó calmar diciéndole que no se preocupase, que el padre se incorporaría a ellos pronto. Siguió unida al ganado y a trote intentaba mantenerlo todo unido y en marcha orientado. De vez en cuando le daba la voz "esh, esh, esh" para que no se dispersaran y mantuvieran el ritmo de marcha acurrucados unos junto a los otros en la misma dirección.

El viento soplaba cada vez más fuerte y los niños lloraban porque ya era hora de acampar y tomar su leche o una *kisra* si era posible. Aturdida por la situación climatológica y la pérdida de su marido, sacó fuerza de sus entrañas de beduina y continuó la marcha sin parar porque sabía que si se detenía un minuto todo se echaría a perder, lo último que le podía ocurrir era extraviar a los animales que cargaban el agua en sus lomos, así que decidió aguantar mientras amainaba el vendaval.

Omar había seguido un rumbo absolutamente desconocido y sin saber orientarse, se detuvo por un momento y se acercó a unos arbustos por si indicaran indicios de orientación, pero el viento había arrasado toda señal, las copas inclinadas hacia otra dirección, las pequeñas dunas que se formaban en los brazos de cada arbusto indicando siempre el sur ya no existían. El sol no se veía y todo a su alrededor estaba oscuro. La experiencia y los cincuenta años vividos en las adversas inclemencias del desierto no le servían a Omar para nada ante aquella eclosión de la naturaleza, sabía de su indomabilidad y que no era más que la voluntad de Dios.

Erró todo ese día sin detener su dromedario buscando huellas, excrementos de animales, berridos, el lloriqueo de sus niños o la voz de su mujer. Gritó muchas veces el nombre de Arumay por si le orientara, dejó rienda suelta a su Elbeyed por si sus instintos lo llevasen a seguir el ganado, hasta entrada la noche del siguiente día sin ningún rastro y sin que el viento amainara. Omar estaba agotado y su dromedario necesitaba pastar y reponer fuerzas para seguir la marcha.

Aturdido Omar por la situación de sus hijos y su mujer pensó en el agua y las provisiones que llevaban sobre el lomo de los otros dromedarios y de cómo Nisha y los niños podrían acceder a ellas. Miró el opaco cielo convencido de la presencia de Dios en todas partes, como aprendió de muy pequeño de su padre y exclamó pacíficamente, como si rezara, "¡Dios mío, ahora sí que en tus manos dejo a Nisha, Alati, Jadiyetu, Lajdar, Yeslem, Moulud y Jueya!, ¡tú sabrás de ellos!, ¡tú cuidarás de ellos!, ¡orienta el instinto, que me has dado a los cinco años cuando cuidaba los pequeños rebaños de mi familia!, ¡la sequía me empuja y me desaloja de mi tierra, el hambre devora las tripas de mis niños, de mi mujer y las de mis dromedarios, ponte a mi lado en estos momentos cruciales!".

Llevaba demasiadas horas sin comer ni beber, todas las provisiones se quedaron encima del lomo de Lehmami, además del agua y algunos talegos de cebada escondidos en la *tezaya* de Nisha. Omar durante esos días no había sufrido sed, apremiado por la estación del fresco invierno que jugaba a su favor. Sí había empezado a sentir los primeros síntomas de dos días sin comer, le fallaban las rodillas cuando bajaba de su dromedario para recoger algunas plantas silvestres y comérselas, pero eran muy pocas las que podía encontrar y apenas le alimentaban.

Omar, cada vez que llegaba la hora de los cinco rezos, buscaba un lugar donde hubiera algo de verde, rastreando el suelo con su vista desde el lomo de Elbeyed para dar tregua a su dromedario y cumplir él con su ritual de creyente. Como no veía el sol calculaba el tiempo fijándose en ciertos comportamientos de Elbeyed, si ya era de noche el animal exigía descanso con unos suaves berridos y un caminar más lento, ahí era cuando Omar le ordenaba detenerse y se bajaba de su *rahla*. Después buscaba una acacia o cualquier otro arbusto para protegerse del horrendo *guetma*.

Esa noche los dos descansaron protegidos por la copa de una *talha* que el viento había levantado, aquel era el mejor regalo de la naturaleza después de tres días sin comer. Quedaban algunos *jarrub* aún sujetos a sus ramas, que el viento había dejado desnudas. Elbeyed comió toda la parte tierna de la copa y Omar recogió los pocos copos de *jarrub* y los fue masticando despacio, pero eran amargos porque no estaban todavía secos.

Omar, pensando en la familia, se sentía tranquilo, porque siempre había tenido una fe ciega en su esposa, sobre todo cuando los tiempos eran malos o las decisiones eran cuestión de vida o muerte. Rezó de nuevo una oración por la salvación de todos. Al finalizar el rezo ató bien a su dromedario y enlazó con seguridad las riendas. Apoyó su espalda en los hombros de Elbeyed, buscando protegerse del frío y los vientos, pasó toda la noche acurrucado sin dejar de sonarle las tripas.

El animal sacudió su cabeza por la acumulación del polvo sobre su cuerpo. Mi abuelo enseguida se dio cuenta de aquella inconfundible señal que mostraba Elbeyed. Otro día sin que amainara el vendaval, otro día de hambre y sed, otro día para un hombre del desierto extraviado por la fuerza de la naturaleza y las inclemencias de la naturaleza. Omar era un hombre alto y delgado, con una profunda mirada, nariz aguileña, pómulos salientes, de cabello oscuro y rizado. El dromedario empezaba a perder mucha fuerza por la falta de pasto y varias semanas de marcha con la familia sin apenas descanso. Mi abuelo recordó lo que le habían enseñado para estos casos, mantener la calma y no deambular hasta que se despejara el tiempo, principio de supervivencia entre los hombres del desierto. La suerte no le había acompañado, se encontraba en una zona de poca vegetación y desconocida para él. Intentó reconocer la región cogiendo piedras y raíces secas de algunas plantas, intentó estudiarlas detenidamente, persiguiendo con ello reconocer la geografía, pero el hambre no le dejaba concentrarse, le temblaban las piernas y se le nublaba la vista por la deshidratación.

Se levantó y arrastró hacia su dromedario algunas ramas de la acacia que les daba protección, y Elbeyed devoraba con fuertes mordiscos las verdes y espinosas ramas. Omar se acordó que podía encontrar alguna humedad en las raíces de la acacia, buscó y con dificultad arrancó algunas raíces que aún guardaban una sabia muy dulce y las metió en la boca masticándolas. Su estómago sintió alivio después del fuerte dolor que le causaron las amargas vainas que comió la noche anterior.

Nisha y sus seis niños llevaban seis días camino al sur, estaba orientada y tenía dominio absoluto sobre la situación, acampaba y descampaba con dificultades para cargar y descargar los tanques de agua sujetos sobre la montura de Lehmami.

El siguiente día Omar se encontraba al límite de sus fuerzas, tenía alucinaciones y náuseas, pero debía sobrevivir al precio que fuera. Amaba a su dromedario de montura Elbeyed, un animal escogido y domado por él mismo. Poseía un trote en varios ritmos, gracias a tener desarrollada la peluda cola y a su bien proporcionado físico. Era todo un lujo de dromedario *azzal*, castrado para recorrer muchos kilómetros y soportar la sed y el hambre. Por eso le dolió tanto la inevitable decisión.

A pesar de la escasez de sus fuerzas, Omar excavó un hueco de medio brazo de profundidad, lo rodeó con piedras y lo llenó de palos de leña secos que recogió alrededor de la *talha*. Sacó del bolsillo de su *darraa* una pequeña barrita de hierro, especialmente tratada para hacer chispa al frotarla con una piedra de sílex. Puso la fina mecha de algodón encima del sílex y la friccionó con la barrita dos o tres veces hasta que la chispa encendió el algodón, y lo colocó despacio entre las finas ramas de la leña. La lumbre estaba desprendiendo humo y calor. Omar sacó del cinturón de su pantalón un afilado *mus bleida* y metió su fina hoja en la hoguera.

En ese instante sintió hasta dónde se necesitaban él y su dromedario en aquella situación extrema. Sin detenerse a pensar, con el cuchillo casi al rojo vivo, cortó de un tajo el rabo de Elbeyed. Al momento, con la misma lámina del cuchillo, selló la herida para evitar la hemorragia, y buscó una mata de propiedades curativas, masticó las hojas y las colocó sobre las dos falanges que quedaron de la cola de Elbeyed. Después Omar le acarició la cabeza y besó varias veces su nuca, diciéndole: "Tú y yo estamos condenados a sacar fuerzas para encontrar a la familia".

Omar esa noche comió carne y con las húmedas raíces de la acacia recuperó cierta energía para seguir. Decidió al día siguiente continuar la dirección contraria al viento al ver que no había cambiado desde el primer día; el viento soplaba del sur y allí se dirigió. Cada vez que encontraba en el camino algo de pasto verde se detenía y dejaba que Elbeyed repusiera fuerzas. En su marcha, al cabo de ocho días a trote de dromedarios, observó excrementos de una acampada de animales, allí se detuvo y estudió detenidamente aquel rastro de vida. Determinó que su familia había acampado allí, según el número de marcas que había dejado cada dromedario, hacía aproximadamente una semana, por la humedad de los excrementos de los animales.

Omar sobrevivió diez días más con el resto del rabo de su dromedario y las raíces que encontraba. La segunda semana había empezado a despejarse el tiempo, con algunas lluvias que dejaban charcas de agua de las que bebían Omar y su Elbeyed. Mi abuelo había comenzado a orientarse y a encontrarse con pastores y *deyarin*, intercambiando con ellos información sobre la familia y los daños del vendaval de *Am el guetma*, como finalmente llamaron los saharauis a aquel año, "el año del vendaval".

Aquella noche, mientras Nisha con la ayuda del mayorcito de sus niños, ordeñaba la leche para la cena al lado de la hoguera de la *jaima*, escuchó el melancólico berrido de Elbeyed que posaba sus rodillas en la arena. Omar bajó de su lomo y llamó a sus hijos y su mujer: "¿Estáis bien todos?". Del interior de la *jaima* salieron los pequeños y se lanzaron a sus brazos. Nisha, emocionada, al ver el estado físico de su esposo, se le acercó con un cuenco de leche recién ordeñada y le invitó a tomarla, "primero tómate esto". Les pidió a sus hijos que se apartaran para que su padre pudiera beber. Desde esa misma noche Elbeyed dejó de llamarse así y se convirtió en Guilal, por tener el rabo cortado. Mi abuelo sobrevivió al hambre gracias al rabo de su dromedario, y él y Nisha nos transmitieron con su gesta una lección para no rendirse ante la adversidad.

Esta historia que podría parecer ficción ocurrió en realidad, como bien se conoce en mi familia. En mi infancia la escuché en muchas ocasiones de boca de mi madre y entonces me parecía como aquellos entrañables cuentos de *Shertat*, pero todo es verídico, ocurrió en realidad, y así me lo siguieron contando en muchas ocasiones siendo ya adulto.

El secuestro del abuelo Hamadi

A propósito del norte, recuerdo una historia que escuchaba contar a mi madre sobre el secuestro de mi abuelo paterno, Hamadi, cuando en cierta ocasión viajó a un punto de intercambio en las fronteras con Marruecos y les vendió unos dromedarios a unos marroquíes, pero resultó que eran los típicos delincuentes con los que a menudo nos topábamos en las fronteras. Mi abuelo contaba, según mamá, que le maniataron y le metieron en una casa con cinco puertas que se cerraban tras él.

Le dejaron allí con uno de los delincuentes que le custodiaba con un bastón de madera. Pero, aprovechando el despiste del guardia, rompió las ataduras que tenía en las manos y saltó sobre el palo, golpeó con todas sus fuerzas la cabeza del ladrón y rompió todas las puertas que se encontraban en su paso. Al saltar de la última pared venían los otros delincuentes y gritó como si le estuvieran salvando un grupo de saharauis.

—¡Corred, aquí están los ladrones, cogedlos antes de que se escapen!

Así logró huir de su cautiverio y reunirse con sus compañeros que le estaban buscando. Mi mamá atesoraba muchas historias de las dos familias, que siempre le gustaba recordar con nosotros.

Los dromedarios de mamá

Mamá tuvo en su juventud un dromedario de montura que le había regalado su hermano mayor Alati. Tradicionalmente en la sociedad saharaui de la *badia* cuando una chica se casaba, el día que se separaba de su familia, se le regalaba un dromedario macho castrado de montura. Debía ser un dromedario de porte elegante, blanco a ser posible, y muy bien adiestrado para que la joven lo pudiera manejar sin dificultades.

El dromedario de mamá se llamaba Arumay, pero en 1959 lo necesitó un hermano de mi padre para huir de las persecuciones francesas a la resistencia nacional saharaui, que luchaba contra las incursiones de Francia en el territorio, y se tenía que llevar a Arumay. Mi tío se lo pidió y ella, como de costumbre, no supo decir no, y menos aún cuando se trataba de que él salvara la vida. Cuando el hermano de mi padre lo estaba ensillando para llevárselo, mi madre lo miraba como si una parte de ella se fuera para no verla más. Detu amaba mucho a aquel dromedario.

Cuando yo nací, un año después, notaron que justo debajo de mi axila izquierda había una mancha de color marrón claro, que se asemejaba a la figura de un dromedario tumbado. Mi madre explicaba que, al ceder su dromedario, al pensar que nunca volvería a verle, sintió una enorme pena, y un sentimiento parecido a los antojos de las madres en gestación. Se rascó las costillas, justo debajo de su axila izquierda, de esta forma ella contaba que pasó su "antojo" al feto que tenía en su vientre. Así nací yo, con la figura de aquel majestuoso dromedario que salvó la vida de mi tío Ami Omar, y que aún hoy permanece grabada debajo de mi axila izquierda como recuerdo de Arumay.

Conozco infinitas historias de mi maestra y madre con los dromedarios, a los que tanto amaba. En una ocasión la familia se encontraba acampada en el valle norte de Auserd, era verano y ese día nos habían mandado a mi hermano pequeño, a mí y a otros chicos a cuidar unas camellas que había que ordeñar. Eran como diez o quince, habitualmente no se alejaban del valle desde donde se divisaban nuestras *jaimas*. Sin embargo, ese día nos fuimos distrayendo, saltando de roca en roca, jugando entre las dunas. Más tarde, ya exhaustos, nos quedamos descansando bajo la sombra de una acacia, mientras atardecía y se hacía la hora de llevar las camellas hacia el *frig*.

Cuando llegó la hora, los otros chicos se levantaron y llevaron al rebaño a la familia, pero yo me quedé debajo de la acacia sin poder levantarme a causa de una especie de pesadilla que invadió todo mi cuerpo. Intentaba gritar, moverme, pero no lo conseguía. Al anochecer se dio la voz de alarma en el campamento de que yo me había extraviado. La gente empezó a buscarme en la zona donde los otros niños decían que me habían dejado, sin precisar con exactitud el lugar.

Encendían matorrales y gritaban mi nombre, con el propósito de que los pudiera ver y orientarme, pero yo estaba poseído por una pesadilla que solo dejaba mover mis pies, haciendo con ellos un círculo, como suele pasar a algunos animales cuando van a morir dando los últimos coletazos con las patas y dibujando un círculo cerrado.

Toda la noche estuvieron buscándome y mi madre estaba a punto de desmayarse porque temía que los animales como el lobo del desierto me pudieran haber comido. Al amanecer, cuando asomaban los primeros rayos del sol, apareció un gato salvaje y se me subió encima. Aquello fue lo que me hizo reaccionar, librándome de la pesadilla, de un salto salí corriendo sin saber exactamente dónde me encontraba. El día anterior nos habían preparado un dromedario, con un odre de agua colgado debajo de la *rahla* por si teníamos sed. Siempre nos recordaban los mayores que teníamos el dromedario preparado para cualquier eventualidad, si nos picaba una serpiente o teníamos algún incidente. El dromedario era muy tranquilo y estaba domado, por eso nos lo dejaban para que nos llevara al *frig* en caso de problemas. Después de permanecer confuso durante unos instantes vi al dromedario, tumbado y con el odre colgando de su montura. Me acerqué a él y sacié mi sed. Algunos de los dromedarios de la familia distaban unos dos o tres kilómetros de donde estaba yo y a ellos me dirigí. Allí estaba ya toda la familia preparándose para organizar una búsqueda partiendo de mis huellas del día anterior.

Uno de mis tíos me vio, no recuerdo quién, y dio el aviso. Todos echaron a correr hacia mí y le gritaban a mi mamá:

—¡Está bien, está bien, no le ha pasado nada!

Yo lloraba y les decía que una cosa se me había puesto encima y no me dejaba despertarme de mi siesta debajo de la acacia. La pesadilla y esa situación se repitieron más veces, yo le pedía a mi tío Boiba que cuando se despertara en medio de la noche, de vez en cuando me tocara por si acaso, era la única forma de salir de aquella extraña parálisis. Mamá no creía mucho en aquella pesadilla y me decía:

—Cuando vayas a dormir no pienses en nada que te dé miedo.

Contaba a menudo que el susto más grande que pasó en su vida fue perderme aquella noche, un suceso que incluso años más tarde le desvelaba por la noche.

La pérdida del ganado

Arumay, Güeyrir —el de la oreja cortada—, Shgaár, El-hainash, Bu Kafein, llamado así porque estaba marcado con dos letras ﻙ[ii] y otro dromedario de color blanco que no tenía nombre.

---

ii. Letra *kaf* del alfabeto árabe. La usaba la familia de mi madre para marcar todo su ganado, pero en este caso el dromedario fue comprado, cuando era una cría, a otra familia que marcaba con una *kaf* y una raya. Al añadir mi familia su marca en el cuello, pasó a llamarse "el de las dos *kaf*".

Cuentan mis tíos que este camello blanco no veía bien
por uno de sus ojos, y le llamaban *shaif* para no decirle
tuerto porque entre los nómadas saharauis la palabra trae
mala suerte. Fueron los dromedarios de carga de la familia de mi madre durante muchos años, el brazo que les
sostenía y salvaba en los tiempos de debacles y azotes de
la naturaleza del desierto.

Para documentarme sobre la historia de aquellos dromedarios no aparté lo que de niño escuchaba a mi madre
contar sobre ellos. Sus nombres siempre me sonaban
como parte de la familia, y me llevaban a la niñez y juventud de mi madre, porque crecieron juntos, amos y dromedarios, y codo a codo se enfrentaron con las situaciones más adversas y difíciles, los años de sequía y enorme
calor. Por eso son parte de este homenaje de hijo discí-
pulo a madre y maestra.

Mohamed Moulud, mi tío el sabio, cada vez que voy a
los campamentos saharauis para visitar a mi abuela, mis
hermanos, mi padre y mis tíos, me cuenta historias de la
familia. Unos a los otros nos invitamos y nos reunimos
en torno al té para celebrar esa unión que nos ha fusio-
nado siempre. En este tipo de tertulias cabe hablar de
todo con ellos. El interlocutor debe saber cómo llevarles a
la temática que le interesa para informarse sobre toda
la historia relacionada con el periodo que todos ellos
vivieron en el Sáhara. Este es mi caso; intento siempre

conducir y orientar el tema sobre los míos porque tengo muy claro que estoy ante la inagotable fuente sobre la vida de mi madre y su familia y que las condiciones de vida en esa zona de exilio donde se encuentran mis tíos y miles de refugiados saharauis son inclementes y siempre que nos vemos debemos aprovechar la oportunidad. Reconduciendo la conversación le pregunté a mi tío sobre aquel mítico dromedario llamado Arumay, sus recuerdos sobre el animal y sobre cómo murió.

Entonces me contó que el año 1972 ocurrió una sequía sin precedentes para la familia cuando nomadeaban entre las regiones de Tiris y Zemur. La familia se desplazó a Auserd y su *badia*, y Alati, el hermano mayor de mi madre, se quedó de pastor trashumante al frente del ganado en la región de Tiris. Iba de un lugar a otro en busca de zonas de pasto y agua para el ganado; y en tal vaivén de vida se le extraviaron, como solía pasar en aquellas circunstancias, los cinco dromedarios de carga. Entre ellos estaba Arumay, el mítico dromedario de la familia, que había regresado con nosotros tras ayudar a escapar a mi tío Ami Omar.

Alati, para encontrarlo junto a los otros dromedarios, se convirtió en *deyar* y a la vez pastor; buscaba a los cinco camellos y al mismo tiempo trataba de guardar el grueso del ganado que no se había perdido. Pero en su periplo de *deyar,* un día siguiendo huellas que sospechaba que podrían ser las de sus camellos, bajó por el valle de Galb Elmusha y lo primero que vieron sus ojos fueron aquellos cinco dromedarios de su familia, todos muertos a causa de la sequía. Descansaban los restos de Arumay, Elhainash, Güeyrir, Shgaár, Bu Kafein y el que no veía por un ojo. Alati se acercó al lugar de la triste desgracia familiar, bajó de su dromedario y los estudió uno por uno, cerciorándose de la tragedia beduina. Güeyrir era el único que todavía respiraba con su largo cuello apoyado sobre su costado, postura que denotaba la gravedad de su salud y el inminente fatal desenlace. Al reconocerlos a todos, se distanció un poco de ellos, embargado por una intensa tristeza y con las manos sobre la cabeza no pudo contener las lágrimas para llorar lo que para él significaba el fin de una vida y sus raíces nómadas. En ese momento dijo a sus dromedarios muertos una frase que ha quedado para siempre grabada en mi familia:

—Sois testigos de que después de vosotros termina para mí cuidar más dromedarios.

Alati regresó aquel día donde se encontraba el resto de su ganado, abatido y triste, y lo confió a su hermano menor, Mohamed Moulud, para que hiciera de él lo que estimara conveniente. Y Alati se incorporó a los núcleos urbanos en busca de trabajo en las ciudades de El Aaiún y Smara[iii] y abandonó aquella vida de nómada que tanto amó.

Mohamed Moulud nos contaba que debido a la situación económica y la sequía decidió dejar libre el ganado a sus anchas hasta que se acercaba su periodo de abrevar en los pozos de Zbeyra, zona que frecuentaba el ganado durante el verano para tomar agua. Moulud estuvo de 1972 a 1974 al cuidado de los dromedarios, cada verano esperaba allí el resto de su ganado para darle agua, despedirle y cogía una o dos cabezas, las trasladaba a Smara, las vendía y el dinero se lo llevaba a la familia, hasta que los que se salvaron de la sequía se agotaron. Moulud, al igual que su hermano mayor, buscó abrir camino en su nueva vida y se alistó los últimos años en las filas del ejército de la metrópoli, ATN, Agrupación Tropas Nómadas.

Mohamed Moulud y las banderas

Cuenta Mohamed Moulud que en 1956 la familia estaba acampada en un valle entre el monte de Tiznig y Steilit Uld Bugrein. España acababa de empezar las obras de una carretera. Estaban señalizadas con unas banderas blancas situadas por debajo de la bandera española que ondeaba sobre el poste, en señal de que en la zona se esta-

---

iii. Ciudad fundada por el sabio saharaui Chej Malainin.

74

ban realizando unos trabajos que llevaban los militares. Mohamed Moulud, un día en su jornada de pastoreo, vio aquellas banderas blancas y otra de franjas rojigualda y le llamaron mucho la atención aquellas telas que invadían su espacio y la libertad de sus dromedarios. Los postes estaban muy altos y él no podía llegar para cogerlas por lo que pasó unos cuantos días merodeando por allí y pensando la forma de retirarlas de aquel lugar o quemarlas, porque le molestaban en su visión del horizonte, vital para un beduino.

Finalmente decidió llegar hasta los postes y escogió una camella bien domada, subió encima de su lomo y se acercó a las banderas hasta alcanzarlas, arrancó primero la blanca de la obra y luego la española que indicaba el trabajo que supervisaban los militares. Se alejó del lugar y cogió la bandera blanca e hizo con ella una *darraa* y la vistió. La de las franjas rojas y amarilla la rompió en tiras y las trenzó haciendo finas cuerdas para usarlas como riendas en los cuellos de sus pequeños camellitos. Al resto que le sobró de la bandera le prendió fuego, sin mayor problema.

Mi tía recuerda que en aquella obra de la carretera trabajaba un gran amigo de mi abuelo Omar que se llamaba Deid Uld Futa. Nosotros estábamos acampados en aquella región y en los alrededores no estaba más que nuestra *jaima*, y el amigo de la familia solía venir para visitarnos los fines de semana cuando no trabajaba en la obra. Aquella tarde, cuando Mohamed Moulud había concluido su jornada acercó el ganado a la familia y al acurrucarlo frente a la *jaima* en *lemrah*, mi abuelo Omar se le acercó para darle la bienvenida después de haber pasado todo el día fuera del entorno de la familia. Omar, al percatarse de la tela que vestía su hijo, le preguntó dónde la había sacado y mi tío respondió que la había encontrado encima de unos postes abandonados. Omar se enfadó y le regañó diciéndole:

—Vendrá España a perseguirnos porque la hemos ofendido rompiendo su bandera.

Moulud no entendía la gravedad de lo que había hecho y no le importaba lo sucedido. Sin embargo, el abuelo era una persona muy prudente que no hacía daño a nadie y así había educado a todos sus hijos. Lo que había ocurrido ese día con Mohamed Moulud le asustó mucho por la posible respuesta de los militares y se apresuró a decirle a su esposa Nisha:

—Mujer, mujer, prepara todos los enseres que nos mudamos esta misma noche. Tu hijo ha quemado la bandera de España y seguro que vendrán a por todos nosotros.

Mi abuela tampoco le dio mucha importancia y le respondió:

—Que vengan, ¿qué va a pasar?, es un crío quien ha hecho todo esto.

Pero Omar le insistió que se marcharían de allí. Comunicó la decisión a sus vecinos más próximos, la familia amiga *Ahel* Mohamed Lechereyef, y todos, aquella misma noche, desmontaron de inmediato sus *jaimas*, recogieron sus enseres y cargaron todo a lomos de sus dromedarios. Cabalgaron toda la noche dejando atrás muchos kilómetros para alejarse del lugar donde pensaban que podrían ser perseguidos por los militares.

Al amanecer azotaron la zona fuertes vientos que borraron cualquier pista, por lo que reinó un poco de tranquilidad entre todos. Amanecieron en la zona del pozo Buer Aulad Daud y encontraron el pozo inutilizable porque había caído un dromedario y contaminado el agua. A pesar de todo, decidieron acampar allí, sacar trozo a trozo el animal del pozo y limpiarlo, vaciarlo de agua y esperar a que subiera de nuevo agua limpia. Al día siguiente repostaron agua y levantaron el campamento para dirigirse a la zona de Zug, al sur del territorio, aún seguía sin amainar el vendaval y finalmente al quinto día de viaje llegaron a la boca del famoso pozo de Zug. Allí pasaron un día abrevando sus dromedarios hasta que fueron sorprendidos por unas patrullas españolas que iban en unos coches descapotados. Estaba entre ellos el amigo del abuelo, Deid Uld Futa, quien se acercó a saludar a todos. Mi abuelo le hizo una señal cuando el oficial que le acompañaba le preguntó si sabía de una familia que estaba acampada en la zona de la obra para la construcción de la carretera. El abuelo Omar respondió al oficial que no tenían noticias de aquella región porque el verano lo habían pasado en la zona de Zug. La complicidad con el traductor y amigo de la familia salvó a mi tío de ser castigado por los militares.

Nuestro bisabuelo paterno

Nuestro bisabuelo por parte de padre se llamaba Mohamed El Alem Uld Abdelaziz Uld Abiay, conocido como Awah. Su hijo Mohamed fue un gran poeta y una persona muy generosa y querida por mucha gente de su época. La generosidad de Mohamed Uld Awah con el huésped fue protagonista de unos versos que solía recitar mamá cuando la conversación se refería a la ceremonia del té y su protocolo, o si se trataba de opinar sobre los utensilios para prepararlo, llamados en su conjunto اماعين اتاي *main atai.*

Ella alegaba que una correcta ceremonia del té debería cumplir las exigencias del poeta y cantante mauritano Sedum, alias El Grande, inmortalizadas en un poema que dedicó a su anfitrión mi tío abuelo Mohamed Uld Awah, a quién en este poema Sedum llama simplemente Mohamed Lawah, abreviando sus apellidos en busca de ritmo y simetría para el poema.

التاي اللا هو مولاه	محمد لواه التنزاه
تعدال اتا يو ماهو حوص	مخلا محمد لواه
ويجي طايب ماهو محيوص	عند الكيمة يوطلع ماه
يعرف كد اليسكي من رؤص	والسخار اللي يتولاه
من ماه من احسن تملوص	الناس للي تشرب وياه
من الطوص الماهو مخصوص	برادو معدن واسبناه
كسانو بالنص المنصوص	واللا ما فتنا وصفناه
فالموزون الماهو مخصوص	اعليه من اللون المكنون
لمظلم واللون المطلوص	من الطوص اليعطي مضمون

Alborozado Mohamed Lawah,
señor del té.
En poco tiempo su agua
se calienta,
se ofrece sin prisa,
y quien lo prepara sabe
a cuántos servir y deleitar
y no se detiene a contar
los que lo han de tomar.
Su tetera de noble mineral,
reluce su bandeja de porcelana
que no tiene descripción,
no la he podido a nada comparar.
Y estos de qué son,
vasos de porcelana, cristal,

y en cuanto a describir los colores,

los hay rojos y verdes,

tonos claros, oscuros y suaves.

En este romance, que recuerdo también rememoraba nuestra abuela paterna Ghalia Mint Yusuf Uld El Atik, describe la excelencia de los utensilios del té de nuestro tío abuelo, creo que se situaría esta historia a finales del siglo XIX, cuando se usaban la cerámica, la porcelana y los vasos de colores como utensilios muy valiosos que no estaban al alcance de cualquiera y que tal vez fueron un símbolo de cierto estatus en una etapa de verdadero progreso para los habitantes nómadas del Sáhara.

Relataba mamá que Awah era un anfitrión deseado por todos, los *ghazi*, en sus largos recorridos por el territorio durante sus acciones en defensa de los límites de las fronteras del Sáhara contra intrusos extranjeros, se reunían a menudo con él y otros vecinos para pasar agradables ratos. En este poema, cuyo autor desconocemos en la familia, se deduce el grado de hospitalidad y bondad que tuvo Mohamed Uld Awah en su época:

محمد لواه التنزاه   اتاي اللا هو مولاه

امن الكيمى يطلع ماه   و يجي طايب ماهو محيوس

و الساخر اللي يتولاه   يعرف كد اللي يسكي من روس

اللي تشرب وياه

مارينا نظر من نظراه محمد لواه التنزاه
مولى هول و مولى شهوات بيه اللي مولانا غلاه
و لا يكبل يستدبر حيوان فايت فالفوات
في اقلوب الغيدات و ذاك الخاطر من عز
عن شي متمكرظ متكبر الي رات ينشك اعليها لڱدر
محمد لواه التنزاه بيه اللي مولانا واساه

هذا ماه عن حسبتها منقوص الناس اللي تشرب وياه
امن الطوس الماه موصوف براد معدن واسبناه
مطروحين فطبلة تبهر امعينو طوس الا تنزاه
اغلاه اتم الا يكسر هذا و السكر يسو كد
و لا يخطاه اشهر ما ينحر و اذبيحة لغنم ماتخطاه
من شكر باقي شكر اوخر وكتن فات اللي فات

Mohamed Lawah, la suntuosidad,
anfitrión del té.
Desde el primer instante
su tetera comienza a rebosar agua
y con esmero lo sirve caliente.
Su *sajar* sabe a cuántos
invitados va a deleitar.

Mohamed Lawah, la suntuosidad,
no hay comparación
con sus paisanos
porque Dios en su altar

lo destacó.

Señor de las artes,

señor del agasajo,

señor de los caprichos

consagrados al disfrute,

señor que rehúye la austeridad,

señor en cuya morada

y en el altar de su *jaima*

reina Cupido.

Caballero, elegante y por encima

de las minucias,

porque Dios le hizo Mohamed Lawah,

la suntuosidad,

el sin par distinguido anfitrión del té.

Los que saborean su té

no menguan en su estimación,

su tetera es de buen metal,

suaves paños bordados

con plumas de faisán.

Sublimes utensilios de té,

tapetes bordados con plumas de faisán

exhibidos en una bandeja repujada,

brillante de inmaculado cobre.

La familia Awah

Detu guardaba en su memoria más historias de la familia paterna que mi propio padre, una vez le pregunté sobre aquel dicho muy conocido entre los saharauis "esperar el arroz de Uld Awah", aunque algo recordaba de haberlo escuchado de pequeño a mis abuelos Hamadi y Ghalia. Solía oír a mucha gente tergiversando la historia y su origen, así que le dije a Detu:

—Mamá, estoy cansado de escuchar a la gente desvirtuando esta historia. Se ha acabado por convertir en una broma lo que en realidad es un recurso literario que ha sido usado hasta por nuestros poetas en alusión a un hecho que es imposible que suceda. Dime lo que tú sabes realmente sobre aquel hecho, ya que conociste a los padres de papá y viviste mucho tiempo con ellos.

Detu respondió a mi pregunta:

—No hay ninguna historia que haya sobrevivido sin tergiversaciones y cambios en su autenticidad, hasta el propio libro sagrado el Corán, o la Biblia y el Torah; revisionistas siempre han existido, desde luego, en lo religioso y en lo social. En todas las culturas y épocas, los acontecimientos que han marcado a la gente han pasado por diferentes interpretaciones. También lo ha sufrido nuestra narrativa oral, que atraviesa cierta erosión con las nuevas generaciones. Pero en lo que concierne a este relato, está aún viva e intacta su versión original, sobre todo entre los habitantes de Tiris, donde vivió Mohamed El Alem, alias Awah.

Mi madre me siguió explicando este tema que dominaba:

—Esta historia la aprendí de pequeña a través de mi padre Omar antes de conocer a la familia *Ahel* Awah. Pero más tarde llegué a escucharla de boca de tus abuelos, quienes me la transmitieron como tal. También me la relataron, tal y como ocurrió, los hijos de Mohamed Uld El Jalil, el legendario guerrero y erudito, que fue gran amigo de Mohamed El Alem Awah.

Awah era muy generoso y se le conocía como un gran orador, tenía muchos amigos entre los nómadas de Tiris, era una persona muy divertida, una característica peculiar de los habitantes de esa tierra. Se cuenta que una vez recibió unos amigos en su *jaima* que iban de paso en una caravana, pero casualmente acamparon aquella noche en su acogedora *jaima* en Tiris. A los visitantes les montó una tienda aparte de la de su familia para que se sintieran cómodos y durmieran cuando desearan sin molestar a los niños de la familia. Aquellos eran tiempos de poca comida, años especialmente duros para los nómadas, y los habitantes de Tiris se alimentaban básicamente de carne y leche de camellas, andaban escasos de cereales, y solo agasajaban a sus huéspedes con arroz los más afortunados.

Awah ofreció el té a sus amigos, como es costumbre entre los saharauis en todo recibimiento. Luego les sirvió carne asada de un buen cordero que les había sacrificado aquella noche. Después del asado se solía siempre servir arroz, pero Awah aquella vez no tenía. Mamá contaba que cuando los huéspedes terminaron con la carne se preparó otra ronda de té y siguieron charlando en una amena tertulia hasta muy tarde. Alguno de ellos preguntó entonces si había algo más, a lo que Awah respondió:

—Sí, sí, hay arroz, pero hay que esperar, lo están preparando.

Salió entonces de la *jaima* de los invitados, como si fuera a interesarse por cómo iba la preparación del arroz. En realidad, se marchó a su *jaima*, Awah quería gastar a los amigos una buena jugada, quería que se comentara al día siguiente y todos pudieran reírse con la anécdota durante mucho tiempo. Así que se acomodó en su *jaima* para dormir, pero antes le preguntó su esposa cómo estaban los amigos y este le respondió:

—*Elgoum* están esperando nuestro arroz, verás cómo nos reiremos mañana.

Los huéspedes pasaron toda la noche esperando el arroz de Awah, que no existía, hasta que se fueron rindiendo por el sueño uno detrás del otro. Y hasta hoy en día la historia es muy comentada entre los saharauis como una anécdota de la que en realidad casi nadie sabe con certeza su verdadero origen.

La amada Tiris, tierra de nuestros abuelos

A mamá también le encantaban las historias de su hermano Moulud, mi prodigioso tío tan querido en la familia, por sus travesuras y las bromas que gastaba a la gente y a sus amigos. Aprendió a escribir y a leer junto con ella muy pequeño, y mi madre decía que era el más inteligente de la familia, buen cazador, experto domador de dromedarios y excelente *deyar*. En uno de mis viajes a los campamentos de refugiados saharauis, tras la desaparición de mamá, pedí a Moulud que me contara algo que él recordara de Detu, algo que a ella le gustara escuchar o contar. Mi tío me respondió sin necesidad de pensar demasiado:

—Tu mamá era la alegría de la familia, amó mucho a esa preciosa tierra, Tiris, por la que todos estamos luchando, y creo que la mejor forma de tenerla presente es recordar los poemas que compusieron el erudito Chej Luali y otros legendarios sabios sobre Tiris. Ella memorizaba los poemas y los recitaba de joven porque amaba aquella hermosura y a su entrañable gente, en especial a los eruditos que conocieron y cantaron a Tiris.

Mi tío Moulud me explicó que mamá siempre recitaba unos versos de uno de los eruditos de Tiris, cuando en una tertulia se mencionaba su tierra. El poema canta a Tiris y muestra hasta dónde es querida por sus habitantes nómadas. Detu no era extremista en su amor por su tierra, sino simplemente fue franca en sus sentimientos hacia el lugar donde nació.

Su amor por Tiris me trae a la memoria la historia de Michel de Vieuchange, aquel romántico viajero francés que en 1930 emprendió un viaje temerario, obsesionado en ver la vieja alcazaba de Smara, la única ciudad del Sáhara Occidental que fue fundada por un saharaui, el teólogo anticolonial y erudito Chej Malainin. Vieuchange era un joven delicado, pero con la buena pretensión de hacer pasar a la historia la misteriosa ciudad que amaba y que estimaba debía dar a conocer al mundo.

Vieuchange, tras un viaje de pesadilla, se quedó marcado por aquella alcazaba y su mezquita en medio de un inmenso desierto. Dejó un mensaje en donde explicaba su meteórico alarde, y con el que resumió todo lo que significaba para él la ciudad con estos términos, como si de un héroe romántico se tratase, "Ver Smara y morir".

El joven dejó registrada aquella aventura que le costó la vida, en un mensaje dentro de un frasco de cristal, antes de abandonar la ciudad que pudo pisar apenas tres horas. El mensaje fue encontrado años más tarde por las tropas españolas que entraban en la ciudad santa de los saharauis. La odisea de Vieuchange, recogida en un libro que se publicó tras su muerte, forma ya parte de la Historia con mayúsculas del Sáhara, como han recogido diferentes escritores y estudiosos. Esta historia fue también registrada por el antropólogo Julio Caro Baroja en su magnífico tratado sobre la sociedad saharaui *Estudios saharianos*, publicado en 1955.

Detu sentía un amor similar por su tierra Tiris, con la diferencia de que ella nació allí y la disfrutó durante su niñez y juventud. Mi madre tenía una frase similar a aquel "Ver Smara y morir", decía algo muy parecido sobre Tiris: "No quisiera ser aquel que no haya visto Tiris verde". En ciertas ocasiones yo bromeaba con ella y le comentaba:

—Mamá, sabes que yo tengo ventaja porque he visto a Tiris en guerra, en paz, en sequía, verde, pero siempre, qué hermosura.

Ella replicaba:

—Tú te has criado con la rica leche de sus camellas que sabe a *asckaf*.

Lo cierto es que ella también vivió la tierra en todas aquellas circunstancias, la guerra entre 1957 y 1958, años conocidos por los saharauis como *Am Elhuyum*, refiriéndose al momento en que España y Francia se aliaron para cambiar sus fronteras coloniales, en detrimento de los saharauis.

Estos eran los versos que tanto gustaba recitar a mi
madre en sus conversaciones sobre Tiris:

كَانْ آنَزلْتْ اللَّي غيرها   تِيرس مَا تكْبِّلِّ لخلاَط

نَظْمْ آخْليلُ أَعْلَى دَيْرْها   راني خليت آنْتَـاجِّاط

Tiris no admite
equívoco
aunque se acampe
fuera de ella.
Queda en Ntayat
mi canto en Jlil[iv] a su belleza.

Ntayat es una montaña de Tiris meridional, situada al
suroeste de la localidad de Tichla. Estos versos se refie-
ren a Ntayat, el monte de Tiris, donde se encuentra en-
terrado el gran poeta y sabio saharaui Chej Mohamed El
Mami, al que se menciona de forma implícita a través de
su gran obra, "Jlil". Chej Mohamed El Mami está ente-
rrado en el valle del monte Ntayat, en su parte sur, como
lo indican en hasania منحر اف en *menhru*, que quiere decir
la falda de la montaña que mira al sur. La suerte de Chej
Mohamed El Mami se les ha arrebatado a las generaciones que nos van dejando, quienes no pueden regresar a

---

iv. Obra poética del sabio y erudito tirseño Chej Mohamed El Mami.

su amado Tiris para descansar por toda la eternidad, como siempre fue el deseo de mi madre.

Nana y Lehbeila

Recuerdo cuando mi hermana mayor Nana se marchó a vivir en Villa Cisneros, la actual Dajla. Mi madre quería que se fuera con ella nuestra hermanita Lehbeila, la más pequeña entonces y con la que yo estaba muy encariñado. Mientras que preparábamos el viaje de ambas y los regalos se guardaban en unos baúles de metal pintado de azul oscuro, escuché decir a mis tías que mi hermana mayor se iba a llevar a la niña. Yo quería a todas mis hermanas por igual pero mi hermanita era entonces el centro de atención de toda la familia y se hacía muy duro separarme de ella.

Mi padre tuvo que aceptarlo a pesar de adorar a la pequeña, porque era la primera vez que Nana se alejaba de la familia y quería que la niña le hiciera compañía mientras se acostumbraba y se adaptaba a la ciudad y a su nueva situación. Aún recuerdo la canción que le cantaba mi padre a Lehbeila para dormirla cuando tenía un año. Mi hermana, cuando era pequeña, tenía el ombligo un poco salido por una hernia, mi padre aprovechó esto para meterlo en la canción, que decía algo así: "El que no tiene el ombligo salido está engañado, no tiene camisa, no tiene jersey". En hasania la rima tiene gracia y le causaba a mi madre mucha risa porque mi padre no sabía componer, pero según decía ella aquella nana le había salido bastante bien.

El día que mi hermana viajaba dejé a mi madre ocupada con el equipaje y cogí a mi hermanita Lehbeila y le dije:

—Te vienes conmigo, que te voy a comprar unos caramelos, y te llevo también a una *talha* para jugar al columpio.

Aquella *talha* era un árbol centenario, con una enorme copa que siempre estaba verde y poblada de pajaritos, era un lugar de reunión para juegos preferido por los niños. Yo creía que con esconderla lograría que no se llevaran a mi hermana, pero la decisión ya estaba tomada por mis padres. Pensé que con quedarnos jugando en el árbol, que estaba alejado del pueblo, se olvidarían de llevársela, pero finalmente nos encontraron y nos llevaron de vuelta a casa, con lo que la niña acabó marchándose con su hermana mayor.

Mamá era muy sensible, y a veces también se venía abajo como cualquier madre ante ciertas situaciones y decisiones, como en aquel momento la de separarse de sus dos hijas. Aquel día todos nos despedimos de mis hermanas, la mayor y la más pequeña, y por la noche mi casa me pareció más que un desierto.

Entré en la cocina para preparar los cacharros del té a mi padre, que venía del trabajo, y vi que a mamá, que estaba sola en la cocina, se le saltaban las lágrimas. Cuando se dio cuenta de mi presencia trató de disimular. Yo recogí la bandeja y entré en el salón donde charlaban mi padre y un vecino, coloqué los cacharros delante de mi padre y salí un rato fuera de la casa. De nuevo en casa, y cuando ya estábamos todos sentados en el salón, el amigo de mis padres se dirigió a mi mamá y le dijo con un tono de confianza y amistoso:

—Vaya, vaya, Jadiyetu llorando, todas las mujeres se casan y hacen su vida lejos de la familia.

Ella le respondió que la casa estaba como vacía, y estalló en llanto. Yo al verla salí disparado de casa, lloré fuera y luego me marché a casa de mi abuela, para desahogarme un rato hablando con mis tías.

Mi madre era una mujer muy fuerte pero también se doblegaba como cualquier madre, en momentos ajenos e inesperados que le fue deparando la vida y su inevitable curso.

IV.

LA DECISIÓN DE MAMÁ Y
EL ÉXODO DEL AÑO 1975: EL EXILIO

No es la muerte quien se lleva a los seres amados.
Por el contrario, nos los guarda.

—François Mauriac

Vivía nuestra familia en la localidad de Auserd, yo tenía quince años en aquel noviembre de 1975, creo que era final de mes, porque recuerdo que en la emisora Voz del Sáhara Libre escuchábamos la noticia de la Marcha Verde y la agonía de Franco.

Todos estos hechos se desarrollaban entre los meses de octubre y diciembre de 1975. Aún estábamos en Auserd, administrado en ese momento por el Frente Polisario, tras el inesperado abandono de España.

La metrópoli nos había abandonado, en virtud de los acuerdos de traición que había firmado con Marruecos y Mauritania el 14 de noviembre de 1975. El territorio quedaba así dividido y ocupado por los dos regímenes, el de Marruecos y el de Uld Dadah, en Mauritania.

Nuestro mundo se viene abajo

La Güera, antiguo Cabo Blanco, resistía asediada el 10 de diciembre de 1975 por las tropas mauritanas implicadas en la guerra por las cláusulas del ilegal Acuerdo Tripartito de Madrid,[v] firmado por España, Marruecos y Mauritania. Ante el peligro inminente de que los combates llegaran a Auserd con la entrada del ejército mauritano o del marroquí, el Polisario decidió evacuar la población civil fuera de la ciudad evitando así que los convirtieran en escudos humanos. Había dos grandes campamentos, uno al oeste y el otro al norte en la periferia de la ciudad, a unos treinta kilómetros.

Nuestra familia se trasladó al campamento de Shig, situado en el norte de Auserd, una zona donde había posibilidad de encontrar buena agua en los *ishiguin*. Allí estaba montado el campamento provisional y la gente hablaba de que solo serían unos pocos días de estancia en el campamento, que Argelia intervendría para protegernos de los dos ejércitos invasores y que regresaríamos pronto a casa. Esos eran algunos de los rumores que rondaban de boca en boca en el campamento.

Recuerdo que por la noche mamá nos decía que cogiéramos la radio y escucháramos las noticias. Mi hermana

---

v. Estos acuerdos, firmados por tres gobiernos dictatoriales, jamás llegaron a recogerse en el *Boletín Oficial del Estado*, por lo que carecen de validez jurídica, son ilegales.

mayor y yo sintonizábamos la Voz del Sáhara Libre en el receptor marca Philips que teníamos en casa.

Mamá entendía la gravedad de la situación y seguía con atención las noticias de los combates que se desarrollaban en Auserd entre el ejército saharaui y el ejército mauritano del invasor Mojtar Uld Dadah. Mi padre y mis tíos ingresaron en las milicias que custodiaban y administraban el campamento y mi hermana mayor ayudaba en un pequeño dispensario, una tienda blanca que llevaba la insignia de la Cruz Roja Holandesa. La gente se aprovisionaba de las ayudas que llegaban de la ciudad y algunas familias traían lo poco que quedaba de sus pequeños negocios, tras la retirada de la administración española.

Cuando España abandonó la ciudad no dejó nada funcionando, el generador que suministraba energía se paralizó y se agujerearon los barriles de gasoil que alimentaban el motor de suministro de energía que quedó en el pueblo.

Los colegios cerraron sus aulas, los patios estaban llenos de libros tirados y las puertas abiertas de par en par. La "civilización" dio la espalda a lo realizado en Auserd y en todo el Sáhara durante más de cien años. El único hospital de que disponía la ciudad fue desalojado y quedó sin equipamientos ni siquiera para atender los primeros auxilios.

Un auxiliar saharaui llamado Bullenna Uld Nawa, que trabajaba con la administración española en este hospital, se encargó por su propia cuenta de proteger y administrar los pocos medicamentos que pudo rescatar para auxiliar algunos casos urgentes, sobre todo los que afectaban a niños y mujeres embarazadas. Se cerraron las puertas de las panaderías que había en la ciudad y se esfumó aquel olor familiar a pan caliente, un pan que recogíamos de las intendencias cada mediodía a la salida del colegio, era lo que llamaban "la ración de la familia tal". Pocas posibilidades tenían aquellos habitantes de subsistir en medio de una situación que no era nómada ni sedentaria, era simplemente el abandono en su más cruel y vergonzosa forma, y los civiles indefensos eran los que sobre todo estaban pagando sus consecuencias.

Mi ex cuñado Enna Mohamed Fadel recuerda que junto a otros jóvenes que trabajaban en la empresa francesa Miferma, que explotaba los yacimientos de hierro en Zuerat, Mauritania, decidió ingresar en las filas del Polisario a través de su oficina en Nuadibu. De allí pasaron a la ciudad saharaui de Cabo Blanco, La Güera, tomada por los guerrilleros saharauis tras el abandono español. Cabo Blanco distaba solo unos tres kilómetros de la ciudad mauritana.

Una vez allí se entrenaron para su defensa, y el 10 de diciembre de 1975 fueron atacados por Mauritania, cumpliendo así lo pactado en el Acuerdo Tripartito de Madrid, que dejaba el territorio bajo ocupación marroquí y mauritana. Fueron doce días de resistencia contra el ejército mauritano hasta que recibieron el día 22 de diciembre la orden de retirarse hacia una localidad llamada Safya. Pero antes del 8 de enero de 1976 el Polisario ya había evacuado a la población de Auserd fuera del pueblo, en el valle de Shig y Amzeili, y fuertes combates se libraban en la zona.

Recuerdo una tarde cuando fuimos sorprendidos por vehículos militares que rodeaban todo el campamento donde estábamos refugiados y tomaban posición de combate con sus fusiles orientados hacia cada *jaima* del campamento.

La gente salía confusa de sus *jaimas* para saber qué estaba pasando, algunos levantaban banderas saharauis en señal de bienvenida y las mujeres les saludaban con *zgarit*, al creer que eran tropas polisarias o argelinas que traían ayuda para la población, como se comentaba entre todos en aquellos días. Pero enseguida nos dimos cuenta de que habíamos caído en manos del enemigo.

Las tropas tomaban posición de combate alrededor del campamento y se veían claramente soldados de raza negra, lo que fue un alivio para algunos, porque decían que al ser mauritanos nos podríamos al menos entender con ellos en hasania. Otros afirmaban con cierto alivio "menos mal que no son *shluha*", refiriéndose a que no eran marroquíes.

Los soldados entraron registrando las *jaimas* en busca de jóvenes y guerrilleros saharauis, que solían pasar por el campamento para curar sus heridas. Yo al principio me escondí detrás de unos baúles, pero al darme cuenta de que si me encontraban podría levantar sospecha, salí de allí antes de que llegaran los soldados a registrar nuestra *jaima*. Ellos me condujeron a donde estaban concentrando a los hombres del campamento.

Los militares reunieron a todos los hombres y los jóvenes para llevarnos a nuestro pueblo, que ya había caído en sus manos. Entre ellos estaban mi padre, mis tíos y muchos conocidos. Aún recuerdo que cuando me estaban trasladando hacia los coches pasé cerca de unos hombres tumbados boca abajo con las manos atadas, unos soldados les apuntaban a la cabeza mientras otros prisioneros subían en los vehículos. Reconocí enseguida entre ellos a mis dos tíos, Mohamed y Mohamed Moulud. Los mauritanos querían usar a toda la gente del poblado como escudos humanos. Otro caso que recuerdo fue el de Hamudi Uld Ahmed Baba, un notable miembro del primer Consejo Consultivo, que llegaban de haber sido recibidos por el presidente argelino Hauari Bumedian, tras la disolución de la *Yemaa*. Hamudi regresaba del viaje al campamento para reunirse con su mujer, que estaba a punto de dar a luz, y con sus hijos. Fue sorprendido por los soldados, fue torturado y desde entonces le quedaron secuelas en la espalda.

Más tarde, cuando ya se habían marchado los soldados, mi mamá, una amiga que se llamaba El Bagra Mint El Kenti y mi hermana Nana sacaron todos mis libros y los documentos españoles de la familia, como la tarjeta de la seguridad social, el libro de familia, los documentos de identidad de mis padres y mi hermana mayor, nuestras fotos. Metieron todo en una bolsa de plástico y los enterraron en el lado sur de una gran roca en medio de la planicie. Mamá tenía miedo de represalias mauritanas y marroquíes porque consideraban a los que portaban documentación española como infieles y renegados de la identidad de los ocupantes.

Sin embargo, mi tía Alia no quiso deshacerse de sus documentos y cuando la familia fue trasladada de nuevo a Auserd se los cambiaron por una *Carte d'identité mauritanie*,[9] que conservaba en el dorso el número del documento de identidad español. Esta operación me la contó un amigo que fue contratado por la administración mauritana para llevar a cabo esta transformación de identidad obligatoria para todos aquellos saharauis que vivieron entonces bajo ocupación mauritana. Mi amigo me explicó

---

9. Tarjeta de identidad mauritana.

que la idea de conservar el número de la documentación española surgió de los propios jóvenes saharauis contratados, que pretendían con ello dejar alguna pista de ese cambio de identidad obligatorio.

No es más que un ejemplo de la macabra operación realizada por Mauritania para borrar cualquier rasgo que nos pudiera identificar como saharauis y para eliminar los vínculos históricos con la metrópoli. Debido a la pérdida de nuestros documentos mi padre nunca pudo reivindicar su derecho de cobrar una pensión por haber prestado servicio como militar español durante veinticinco años en la Agrupación de Tropas Nómadas (ATN).

La población se preguntaba qué pretendían hacer con nosotros, sin saber del destino de aquellos hombres que los militares habían llevado de vuelta al pueblo, entre ellos mi padre y mis tíos Moulud y Mohamed. Los jefes militares se dirigieron a la población y nos dijeron que volverían al día siguiente para llevarnos de nuevo al pueblo. La gente estaba asustada porque se veía convertida en un escudo ante los ataques y combates que se estaban desarrollando en la zona.

Mi tía Alia me salvó aquella tarde de que me llevaran los militares. Pidió al jefe de la unidad que me soltara, mintiéndole, le dijo que era un enfermo mental. La misma tarde cuando se marcharon con todos los hombres del campamento, mi mamá y mi hermana, temiendo que los militares me pudieran llevar, me dijeron que me fuera a una base del Polisario en Gleybat Legleya y que allí sabrían cuidar de mí. Un hermano de mi mamá, Boiba, se había incorporado a las filas del Polisario en 1974, tras desertar de una patrulla militar española en la que prestaba servicio como soldado de tropas nómadas. Tal vez se alimentaba con el alivio de que si me unía a él no me pasaría nada.

En ese momento comenzaba mi verdadero éxodo, un niño de quince años en medio de una avalancha de familias huidas de la guerra y de esa gente que se nos venía encima desde el norte, que nos daba tanto miedo. No conocíamos de ellos buenas historias y la impresión que teníamos giraba siempre sobre aquel proverbio saharaui que nos contaban los abuelos: *Etal Beit Shar*, el norte es casa de enemistad o en las fronteras del norte reina la maldad, en alusión a Marruecos. Así, en mi evasión, pasé a formar parte de esos miles de personas que dejaban su hogar y su tierra.

El triángulo de mi exilio

El *maktuba* hizo que mi vida se enmarcara en un triángulo de exilio. Primero pasé tres años internado en Argelia en un centro de hijos de los caídos en la guerra de independencia argelina contra los colonialistas franceses. Aún llevo en la memoria aquel internado

مركز بنين و بنات قدماء المجاهدين العربي بن امهيدي Centro de Hijos e Hijas de los Caídos El Arbi Ben Mheidi, en la ciudad de Mecheria, *wilaya* de Saida.

Éramos un grupo de estudiantes llegados de diferentes partes del territorio saharaui durante el éxodo y terminamos el bachillerato en español exclusivamente con profesores saharauis, jóvenes universitarios que no habían finalizado sus carreras cuando España abandonó el territorio. Todos ellos forman parte de nuestra historia y siempre los tengo en mi memoria con todo el aprecio, Berrura, Dahay, Bulahi, Chej, Bachir, Nino y Mohamed.

Mi segundo destino fue Cuba, otra tierra muy importante en nuestro periplo del exilio, allí terminé mis estudios de telecomunicaciones. Finalmente, tras una larga etapa en los campamentos, me establecí en España, la ex metrópoli, donde habría de pasar por tres universidades en busca de un nuevo título con el que poder trabajar y ayudar a mamá, varada junto con la familia en los campamentos de refugiados tras la firma del plan de paz, pero aún quedaban muchos años hasta llegar a esa tercera etapa del exilio. Mi madre no supo de mi paradero, desde aquella noche cuando me despidió en aquel lejano en el tiempo campamento de Shig, Auserd, hasta pasada la primera década de la guerra, en el verano de 1984. Yo llegaba a los campamentos de refugiados de Tinduf desde Cuba a pasar unos diecinueve días para estar con ella y así convencerla de que estaba vivo. Diez años sin poder verme la habían hecho pensar que había muerto los primeros años de mi huida.

Aquellas vacaciones habían llegado como una auténtica sorpresa para mí, tras una reunión con el entonces ministro de Educación saharaui, Mohamed Lamin Uld Ahmed, uno de los históricos fundadores del Frente Polisario, que nos vino a visitar en la isla y situarnos en el progreso que estaba registrando la lucha contra Marruecos. Al término de su conferencia el ministro leyó en una hoja mi nombre y dijo:

—Bahia Mahmud, que se quede aquí en la sala.

Resultaba que el dirigente saharaui era vecino de mi madre en el mismo campamento de Hagunia y la conocía muy bien. Ella, cuando se enteró de que era ministro de Educación se acercó a su *jaima* y le pidió que si era cierto que yo estaba vivo y que me encontraba estudiando en un país extranjero, quería verme después de tantos años de incertidumbre sobre mi paradero. Y a raíz de todo aquello surgió mi sorpresivo viaje sin pasaporte valiéndome de un salvoconducto expedido por la Embajada de Argelia en La Habana. Yo había perdido mi documentación cuando llevaba muy poco tiempo en la isla. Aquel salvoconducto me permitió por fin viajar hacia mi familia, pero me causó problemas al llegar al aeropuerto de

Barajas. Un policía de avanzada edad lo miraba detenidamente y finalmente me indicó:

—Tú, quédate allí hasta que pasen los viajeros.

Después me llamó y sin mirar el documento me dijo:

—Este documento está escrito en francés y no sirve para nada, yo no entiendo nada.

Tranquilo —le expliqué— este documento es un salvoconducto válido hasta en China, esté escrito en francés, inglés u otro idioma y me lo ha expedido la embajada argelina en Cuba por extraviar mi pasaporte.

Los dos nos enzarzamos en una fuerte discusión hasta que al final le dije:

—No soy argelino, soy un estudiante saharaui, quiero hablar con tu superior y reclamo la presencia del director de Air Algérie en el aeropuerto.

Minutos más tarde otro policía me dijo:

—Tranquilo, lo vamos a resolver.

Cogió el teléfono y llamó a otro agente que se presentó en seguida y le expliqué todo, y me quejé del trato y la ignorancia del agente que me dijo que mi documento no servía para nada con muy malos modos.

El agente de Air Algérie se presentó, escuchó las explicaciones que le dieron los policías españoles y se dirigió a mí después de saludarme afectuosamente, creyéndome argelino. Le comenté que era un estudiante saharaui, venido desde el Caribe con un salvoconducto expedido por la embajada argelina y que el policía me había respondido que no servía para nada porque estaba escrito en francés. Y con esto se montó una fuerte discusión entre el agente y el representante de las líneas aéreas argelinas. Venían conmigo otros cinco estudiantes, dos chicos y tres chicas, que desde el primer momento me estuvieron esperando y cuando vieron que el tema se había complicado fueron a avisar al agente argelino. Mis compañeros no pudieron esperarme porque un autobús venía a buscarlos para su traslado al hotel. Debían permanecer allí dos días de tránsito, para viajar después a Argel porque no había plazas en el vuelo que salía. El representante argelino al final me sacó del control y me llevó a una cafetería. Le dije que no llevaba encima ni un céntimo y que solo teníamos muy pocos dólares para compartir en el viaje en caso de querer tomar un café o llamar a la embajada saharaui una vez que estuviéramos en Argel para que nos recogieran.

Esa misma tarde me embarqué, sin mis compañeros porque no podía salir del aeropuerto ni permanecer allí por más tiempo, en un avión que salía con destino a Argel y al llegar al aeropuerto tampoco me esperaba nadie porque no contaban con que llegara ninguno de nosotros ese mismo día. Después de varias horas de espera cogí un taxi y le pedí que me llevara a la misión diplomática saharaui en la calle Franklin Roosevelt. El taxista ya había llevado con frecuencia a otros saharauis y lo conocía. Cuando llegamos y aparcó frente a la fachada del edificio custodiada por unos agentes, le dije:

—Espérame porque no llevo dinero.

Noté que su cara reflejó cierta extrañeza al decirle que no llevaba dinero encima. Avisé a un responsable saharaui que me recibía. Él pagó el taxi y me condujo al comedor porque le dije que llevaba dos días casi sin comer. Llevaba diez años separado de mi familia y convertido en niño de la guerra, los míos me daban por desaparecido y no tuvieron noticias sobre cómo me encontraba en todo ese periodo, a excepción de las cartas que enviaba a mi hermana mayor, pero para mi madre lo que ella le decía no era convincente.

El éxodo de la familia y la enfermedad de mamá

Mi familia se incorporó a los campamentos de refugiados de Tinduf tras el acuerdo de paz firmado el año 1979 entre Mauritania y el gobierno saharaui. Como resultado del fin de la guerra con Mauritania todos los habitantes que vivían bajo dominio mauritano fueron entregados a las autoridades saharauis y pasaron a incorporarse a los campamentos de refugiados, ya que Marruecos ocupó el territorio que abandonó Mauritania al retirarse.

Pero en el año 1975 la guerra del Sáhara entraba en su apogeo, Auserd, donde se encontraba toda la familia, estuvo bajo ocupación militar mauritana durante cuatro años. Mamá enfermó durante el periodo de ocupación y a través de la influencia de su gran amigo Beisat Uld Deish Uld Boyda logró que las autoridades mauritanas la evacuaran en una avioneta a la capital mauritana, Nuakchot, para su tratamiento.

En el viaje la acompañaron mi hermana mayor Aichanana y Beisat. Aquella fue la primera vez que se le presentaron los síntomas de hepatitis, debido a las duras condiciones alimenticias y la falta de vitaminas y proteínas, situación que se cebó en la población saharaui tras el abandono español del territorio y sus habitantes. Mamá estuvo ingresada en un hospital en la capital mauritana hasta que se mejoró. Luego fue trasladada a casa de mi tío paterno Mohamed Uld Awah, uno de los grandes empresarios saharauis residentes en Mauritania, donde se había establecido desde muy temprana edad. Al cabo de unos meses ya se encontraba mejor, bastante recuperada y con más fuerzas por lo que decidió regresar al Sáhara. Pero mi hermana tenía otro problema que mi madre no ignoraba y esperaba que hubiera posibilidad de resolver.

Mi hermana mayor se había casado en noviembre de 1975, el mismo mes en el que el territorio era invadido por Marruecos y Mauritania. Su marido, sin haberse cumplido una semana desde la boda, se alistaba a las filas de los primeros guerrilleros polisarios. Fue capturado herido por el ejército mauritano, siendo aquel país en ese momento parte invasora y firmante de los ya mencionados Acuerdos Tripartitos de Madrid, entre España, Marruecos y Mauritania, la causa de nuestra desgracia. Meses más tarde mi hermana supo que su marido se encontraba en una prisión militar muy cerca de Nuakchot.

Aichanana quería buscar ayuda de alguna persona influyente de la comunidad saharaui, para facilitarle el acceso a la cárcel donde se encontraba su marido y visitarle aprovechando el tiempo que iba a pasar acompañando a mamá en la capital. En aquel momento la situación de la familia presentaba un dramático cuadro que no dejaba de atormentar la cabeza de mi madre, todas las fatalidades se unían a la enfermedad de la que se estaba recuperando. A mí me daba por desaparecido en medio del éxodo, mis hermanos se habían quedado solos con mi padre, todos eran pequeños y la situación económica de la familia se tornaba cada vez más difícil. Papá y mis tíos Moulud y Lajdar tuvieron que luchar duramente para alimentar y cuidar a la numerosa familia, la nuestra y la de mis tíos.

La bondad de mamá

La solidaridad de mi madre con los débiles y los más necesitados le acompañó durante toda su vida, pero fue aún mayor durante los años que vivió en los campamentos, años muy duros y con momentos de extrema necesidad.

Contaban mis hermanas que cuando Detu se enteraba de que en su barrio había una mujer embarazada les decía a todas sus hijas:

—Debéis ayudarla, cuando tengáis algo de carne llevadle una parte, porque es un deber humano, Dios os lo recompensará algún día.

Es costumbre entre los saharauis que cuando una mujer se queda embarazada el esposo debe proporcionarle carne en todas sus comidas. Desde los primeros momentos de gestación, la mujer saharaui siente necesidad de comer carne y dicen que su cuerpo, debido al desarrollo del feto, se lo exige. Pero en aquellos primeros años de refugio y escasez no todos los hombres tenían la posibilidad de cumplir con esa responsabilidad familiar, y de ahí la preocupación de mamá por las embarazadas. Nos decía:

—A una mujer embarazada le debemos esta ayuda. Dios y su profeta aconsejaron el cuidado de las mujeres embarazadas.

Cuando a mi padre se le presentaba la oportunidad de poder comprar a la familia un kilo de carne, ella lo cogía, lo dividía y lo repartía según creía conveniente, siempre entre las vecinas más necesitadas, embarazadas o ancianas que vivían solas.

La bondad de mi madre y su inocencia nos llevaba a gastarle bromas en muchas ocasiones, en especial nos gustaba disfrazarnos para que no nos reconociera. Nos presentábamos como miembros de una familia vecina que estaba en un apuro y necesitaba ayuda. Mis sobrinas y mi hermana Suadu eran siempre las encargadas de acometer aquellas cariñosas fechorías.

Disfrazados en ocasiones, otras veces sin entrar en la *jaima* y cambiando la voz, gastábamos nuestra broma a mamá.

—Hola Jadiyetu, soy el hijo de tu vecina. Ella se siente un poco mal y me ha pedido que te pregunte si tienes alguna hierba medicinal para aliviarle el dolor de cabeza.

Detu buscaba a toda prisa algo que pudiera servir al supuesto enfermo, abría todos los armarios y mientras buscaba preguntaba: "¿Desde cuándo le dio el dolor? Dile que tome esto y tal y cual", mostrándose preocupada y dolida. Esos sentimientos por los débiles y enfermos la acompañaban en todo momento. A veces estando ella enferma con crisis de asma sin poder apenas moverse, se esforzaba en levantarse para hacer el bien a alguien que lo necesitaba de ella. Era incapaz de no ser útil para los demás. Mahatma Gandhi se refirió a esta categoría de gente entregada al bien de otros, por muy complicada que pudiera ser su propia vida: "Nadie puede hacer el bien en un espacio de su vida, mientras hace daño en otro. La vida es un todo indivisible".

Mi abuela Nisha apuntaba que Detu de pequeña deseaba ser una mujer mayor, veía la cincuentena como la edad más estable y humana, la consideraba ideal para ayudar sin prejuicios y no hacer daño a nadie. Sobre esta bondad pura, que yo encuentro inherente a mi madre, se refirió el gran filósofo griego Platón al decir: "Buscando el bien de nuestros semejantes, encontramos el nuestro".

Evidentemente mamá encontró su bien, en multitud de ocasiones y en circunstancias que la rodearon, buscando el bien de sus semejantes, como mujer fraterna, sensible, humana y entregada a sembrar verdes arbustos bajo los que descansar y con cuyos frutos agasajar a todo huésped que entrara en su *jaima*.

Para definir la labor de Detu como madre, maestra y mujer solidaria, creo que, salvando las distancias, se podría recurrir a la figura de la madre Teresa de Calcuta, ella fue la madre Teresa anónima en el Sáhara. Nunca podré olvidar cuántas veces busqué mi ropa por toda la casa sin encontrarla porque mamá la había dado a un necesitado sin que nadie se enterara de ello.

Ella decía siempre que a los necesitados no hay que darles ninguna limosna o *sadga* presumiendo de ser fuerte, rico o mejor que ellos, y no se debe dar en presencia de otros, sino a solas y en secreto. Así quienes recibían la ayuda se sentirían moralmente mejor, y como decía Detu, Dios siempre nos lo recompensará. Su humanidad se sentía con solo hablar con ella, llamaba la atención su serenidad y su dulce rostro, siempre sonriente, de mirada tierna y atenta al huésped.

Sobre su legendaria bondad se conocen muchas historias, pero la que jamás olvidaré ocurrió una gélida noche de invierno del año 1974, cuando uno de nuestros vecinos estaba agonizando por una enfermedad terminal. Aquella noche mi madre se levantó y la pasó acompañando a aquel anciano que lloraba con unos desgarradores gemidos de dolor, hasta el amanecer, cuando falleció en brazos de mi madre y de una familiar del hombre llamada Skayra, que se encontraba sola con él. Nuestro vecino era un anciano de raza negra, vivía solo y no tenía quién cuidara de él, era muy conocido en el pueblo.

Mi tío abuelo, el poeta Bahia Uld Awah

Nuestro tío abuelo paterno, el poeta Bahia Uld Awah, vivió sus últimos años con nosotros en los campamentos de refugiados, y también fue centro de los amorosos cuidados de Detu. Mi madre y mis hermanas cuidaban de él porque estaba solo, nunca se casó ni había tenido hijos. Mi padre lo recogió en 1979 y la familia le cuidó hasta su fallecimiento, ya muy anciano.

Mamá le limpiaba, le preparaba su comida y le acompañaba en sus momentos de recitación de poesía, sobre todo en aquellos ratos donde la conversación cobraba vida en torno al té saharaui. El tío abuelo llamaba a Detu "amma", es decir mamá. Mi tío abuelo tenía más de noventa años y ella apenas cincuenta, aquello era una paradoja, pero también era un reconocimiento profundo a su labor como madre y amiga.

El tío abuelo Bahia Uld Awah compuso mucha poesía que no fue nunca recogida o editada, debido a la difícil situación del refugio y las circunstancias que le tocó vivir, pero mamá y mi hermana Suadu memorizaban gran parte de su obra, que era eminentemente oral, como ocurre con la mayoría de los grandes poetas y eruditos saharauis. En especial Detu memorizaba todo lo que aprendía de él, composiciones en su mayoría dedicadas a la lucha del pueblo saharaui, recuerdos de la tierra y los amigos de aquellos tiempos de su juventud, y gestas y epopeyas de históricos saharauis como El Luali Mustafa Sayed, el joven dirigente del Frente Polisario, que le inspiró este verso:

عاد الولي اكبير اعليه   ذالخلق ألا يزان

لهي ميزانو يرجع بيه   ولعاد امعاه افميزان

Un hervidero de gente
en fervor,

Luali es su vanguardia,
si a ellos en una báscula
se les pesara,
esta caería a su favor.

Faceta de poetisa

En especial durante los últimos años de su vida, en sus
amenas tertulias hablaba siempre del añorado regreso al
Sáhara, le agradaba hablar de estos temas porque le hacía
sentir que estaba más cerca de ese día de vuelta al hogar
que dejó en contra de su voluntad. Plasmó ese deseo en
unos versos que pude rescatar de la memoria de mi hermana Suadu, la más divertida de la familia, que atesora
en su memoria muchas historias sobre Detu. Escribió mi
madre estos versos reflejando el sueño que tanto anhe-
laba y que alimentó su vida durante sus años de exilio.
Mamá luchó desde el exilio porque ese deseo de volver a
la tierra no quedara en una simple quimera.

Mi hermana me dijo que estos versos los compuso
mamá en el año 1985, en un momento en que la guerra
estaba en su máximo apogeo, ella presentía que nuestra
lucha tendrá inevitablemente un final feliz:

مول الملك المالو تشبيه	انا نطلب مول القدرء
لستقلال اللي نحظر فيه	يعطي يلا للهل الصحرء

Al todopoderoso mi clamor,

el dueño de todo trono,

el inigualable,

concédele

a los dueños del Sáhara

la libertad

y que yo la disfrute.

Estos versos me los había recitado Detu años atrás, pero no me acordaba de ellos. Después de dejarnos pregunté a mi hermana Suadu si se acordaba de algunas frases de nuestra madre o alguna anécdota destacable en su memoria, mi hermana me sorprendió entonces con el poema. Suadu me contó que mamá solía componer poemas cortos en esas agradables charlas que hacía en torno al té con sus amigos, pero mi madre restaba importancia a sus creaciones poéticas, además consideraba que nosotros éramos entonces muy pequeños para memorizarlos, por eso casi todos sus poemas se han perdido.

Mamá sigue siendo nuestra guía

Después de cuatro años de su fallecimiento, nuestra casa —"la *jaima* de mamá"— en el campamento de la *wilaya* de El Aaiún sigue siendo la misma donde hijos y nietos se reúnen, charlan, comen y duermen. Al dejarnos Jadiyetu, mi hermana más pequeña, Salca, con ayuda de nuestra hermana mayor, Aichanana, se trasladó con sus niños y se alojó en la casa de mamá convirtiéndola en el hogar de todos.

Allí vivió también durante un tiempo mi hermano menor Alati y nos alojamos mi compañera y yo cuando vamos desde España para verles. En la casa se respira su espíritu y todos la recordamos con sus anécdotas e historias cuando nos reunimos con amigos o familiares que vienen a visitarnos. En uno de mis viajes recientes a los campamentos Salca un día me dijo:

—¿Sabes que he recibido aquí a un famoso grupo de poetas en hasania? Y me han dejado un poema escrito en honor a la familia y en homenaje a mamá.

Enseguida le dije:

—Búscalo y déjame registrarlo para que no se pierda.

Salca o Salquita, como yo la llamo, no recordaba quién de ellos había escrito el poema. Me trajo una hoja recortada de un cuaderno de los de doble raya y lo primero que buscaron mis ojos fue quién lo firmaba, y vi que en la parte inferior del texto aparecía "Sidi Brahim Salama Djdud", un poeta que más tarde he tenido la ocasión y el placer de conocer junto a Badi, Beibuh y Zaim, a raíz de unas conferencias organizadas por las universidades públicas madrileñas sobre el tema del Sáhara en Tifariti, en los territorios saharauis liberados. Yo estaba trabajando en ese momento con la Universidad Autónoma de Madrid en las conferencias, que se desarrollaron del 24 al 26 de febrero de 2008. En un margen de tiempo fuera de los debates de la conferencia, busqué un hueco acompañado por los profesores Alberto López Bargados, Juan Carlos Gimeno y Juan Ignacio Robles, y con estos dos últimos quedamos para hacer unas charlas con los poetas para nuestro trabajo de investigación sobre la memoria histórica saharaui. La ocasión de conocer al autor del poema llegó a través de Badi, que es un viejo amigo de mis padres. Sidi Brahim me explicó:

—Estuvimos recibidos en la casa de tu mamá y debo decirte que tienes unas hermanas muy hospitalarias que nos recibieron durante tres días en los que no nos hizo falta nada de cariño ni de agasajo. Por eso he escrito un poema en nombre de todos nosotros y se lo hemos dedicado a las familias *Ahel* Awah y *Ahel* Embarek Fal.

Esta última es la familia de mi madre con la que desde tiempos remotos hemos estado muy unidos, sobre todo con nuestros tíos y abuelos *Ahel* Omar. El poema me pareció un merecido homenaje póstumo a mi madre, porque sin ella no hubiera sido posible ninguna de estas líneas sobre nuestra historia y sus protagonistas.

هذا لستقبال الجيناه	يا الشعار خير استقبال
عند اللي خلاو اهل اواه	واللي خلاو اهل امبارك فال
اخيام الصحرء لكبرات	في الضهر الحاضر واللي فات

كرمت رجال و اعلايات   اجيال التلوها لجيال

اخلاق و عدات و ميزات   حميد فيهم مايوصال

في اهل امبارك فال اتكنات   و حصرت عند اهل اواه اكُبال

في الصيف و لخريف و شتات   و افتفسكي في احسن لحوال

Yo os digo,

oh poetas,

cálido es el recibimiento del anfitrión *Ahel* Awah,

e hijos de *Ahel* Embarek Fal.

Notorias familias del Sáhara, prestigiosas,

de hombres y mujeres generosos.

En presente y en tiempos antiguos la virtud de

generación tras generación, valores,

tradiciones y honradas conductas

conservadas todas en *Ahel* Embarek Fal.

Y este don patrimonio

es de *Ahel* Awah,

en verano,

en otoño, en todo el invierno,

y lo mejor en primavera

es esta cálida y esplendida acogida.

Skayra Mint Mohamed Elhafed, esposa del notable Hamudi Uld Ahmed Baba, me preguntó al acudir a su *jaima* con el equipo de trabajo de la universidad, y presentarme como Bahia Uld Awah:

—¿Eres el niño que vi crecer agarrado al *tarf melhfa* de Jadiyetu?

Y al confirmarle su sospecha, Ahmed Baba me dirigió una profunda mirada sonriente, y sorprendido por mi aspecto de pelo largo y la barba de un mes me dijo:

—¡Eres el hijo de Jueidiyetu!, *ya marhba, ya marhba,* ¿dónde está Jueidiyetu?

Pero al intentar responder, por una fracción de segundo sentí que mi voz se rompía. Y respondí que el 20 de octubre de 2006 nos había dejado para siempre. Hamudi Ahmed Baba y su mujer a la vez exclamaron con profundo dolor, *Alah yarhamha.* Skayra levantó el velo de su *melhfa* en señal de tristeza por lo que acababa de saber, y siguió preguntándome por mis hermanas, porque en los años setenta a su casa y la nuestra la separaba solo una pared. Es la única amiga de mi madre de los tiempos de Auserd con la que me encontré después de su fallecimiento.

Durante las dos horas de trabajo etnográfico que hicimos con esa familia amiga, a través de sus testimonios estuve todo el rato recordando nuestras casas, una adosada a la otra, unos invitaban a los otros y mis hermanas jugaban con la única hija que tenía la familia, recuerdo que se llamaba Shaia. De la edad de mi hermana Suadu, era una de las chicas más hermosas del pueblo. Recordé cómo mi madre nos había contado que durante el éxodo los soldados invasores capturaron una tarde a Hamudi

Uld Ahmed Baba y le torturaron delante de su mujer recién parida, le llevaron maniatado en sus descapotados jeeps franceses junto a mi padre y mis tíos aquella tarde de enero 1976 en el valle de Shig.

Esa mañana pasada con la familia *Ahel* Hamudi Uld Ahmed Baba y Skayra traté de concentrarme en nuestro trabajo sin que los recuerdos me llevaran a la niñez tras escuchar exclamar a Hamudi: "¡Eres el hijo de Jueidiyetu!", como él la llamaba cariñosamente en su juventud. Pero me sentí afortunado por haberme encontrado con aquellos amigos tan queridos por ella y me acordé del consejo que mi madre no se cansó de darnos toda su vida, "siempre que podáis, no dejéis de visitar a los que fueron nuestros amigos y hermanos vecinos". Y creo que este consejo de Jadiyetu tiene mucho que ver con las palabras de Martin Luther King: "Hemos aprendido a volar como los pájaros, a nadar como los peces; pero no hemos aprendido el sencillo arte de vivir como hermanos".

Aquí finalizo la historia de esta gran maestra y madre para que sea juzgada por todos los que podáis leer este libro. Cada uno, abuela, madre, padre, hija o hijo sacará de su interior ese inagotable amor de madre y valorará su amor y sacrificios. De esta forma podemos decir que estamos saldando lo impagable, devolver a las madres lo que nos han dado de ternura, dedicación y entrega.

EPÍLOGO

La maestra que me enseñó en una tabla de madera, editado en 2011 por la editorial española Sepha, vuelve a reaparecer en otro escenario ante el lector anglófono de la mano de la profesora e investigadora ghanesa canadiense Dorothy Odartey-Wellington, quien ha realizado la traducción y publicación de fragmentos del libro en la revista *The Savannah Review*, editada por el profesor de la Universidad del Estado de Kwara, Nigeria, Abiola Irele, fallecido en julio de 2017.

Si hay algo que puede identificar a mi madre es su personalidad de humanista y relación con la poesía, tanto los ingentes versos que ella memorizaba y recitaba cuando se daba la ocasión, como los versos que ella misma compuso durante sus años de exilio. Mi hermana mayor me relató que, antes de emprender el camino al éxodo en los años setenta, había compuesto algunas letras en el género *tebraa*. Sin embargo, la mayor parte de su producción poética, ya de conciencia política, la realizó durante sus años de exilio en los campamentos de refugiados saharauis, centrada en su deseo de abandonarlos y recuperar su territorio. Varios años después de la publicación de *La maestra que me enseñó en una tabla de madera* empecé a recopilar algunas de sus creaciones y a encontrar poemas que estaban dedicados a mi madre, fundamentalmente en su juventud. Mi deseo es que estos descubrimientos no se queden fuera de sus memorias de erudita y poeta. Por eso este nuevo capítulo, donde añado también nuevos pasajes dedicados a su figura, porque ella siempre fue y será una de mis principales fuentes de inspiración.

El deseo de mi madre Jadiyetu, que siempre nos recalcaba, era que no quería morir en el exilio. En las tertulias de casa, cuando nos reuníamos en torno al té y surgía como de costumbre la conversación sobre el exilio en Argelia y la ansiada vuelta al Sáhara Occidental, o cuando hablamos de una persona que había muerto en el destierro, exclamaba:

—¡Dios, te pido que retrases para mí tu ineludible voluntad, y el día que decidas, que sea en mi patria saharaui!

Finalmente, no pudo conseguir su último deseo, ver a la tierra libre de ocupación.

A menudo cuando recordamos nuestras vivencias del exilio las acompañamos con las de otros personajes. Recordándolos siempre nos viene a la mente el pensamiento del intelectual palestino-estadounidense Edward Said, quien hizo sus reflexiones sobre el exilio desde la ciudad de Nueva York, donde "llegaban los irlandeses, italianos, judíos, no judíos del este de Europa, africanos, caribeños, y gentes del Próximo o Lejano Oriente". Este repertorio de gentes, según Said, causó lo que él llamó, en su obra *Reflexiones sobre el exilio*, "narraciones expatriadas".

Pero también hay reflexiones sobre el exilio de otras muchas personas, conmovidas por las extrañas circunstancias del destierro, que de una u otra manera pasaron desapercibidas. Es el caso de la producción de mi madre desde su definitivo destierro en Argelia, que empezó en 1979, hasta su fallecimiento en 2006.

Mi madre Jadiyetu Omar, al igual que Edward Said, aunque desde otro género y contexto, también reflexionó sobre el exilio en sus "versos expatriados", como estos que reproduzco y que compuso en 2003, acampada con su *jaima* en una parte de los territorios liberados saharauis. Lo conseguía por primera vez tras pasar muchos años en los campos de refugiados en Argelia. Disfrutó de un verano sintiendo la libertad, lejos de las desgarradoras condiciones del exilio, en un monte llamado Gleib Eshaar, el Monte de la Lana, lugar de la geografía del territorio saharaui situado en la región de Zemur, donde respiró soberanía y el aire y el verdor de la tierra que había dejado a causa de la guerra y la ocupación, veinticuatro años atrás.

La familia de mi madre, como casi todas las saharauis, quedó dividida tras la ocupación marroquí del territorio en 1975. Dos de sus hermanos, Boilili y Alati, se quedaron atrapados en la parte ocupada. Alati, el mayor, falleció en 1988 sin poder volver a abrazar a sus hermanos. La salida de mi madre a territorio liberado aquel verano de 2003 fue aún más grata porque la hizo en compañía de su hermana Boilili, quien se las ingenió para reencontrarse con la familia. Salió de los territorios ocupados, atravesó Mauritania y pudo llegar a los territorios saharauis liberados para ver a sus hermanos y a su madre, mi abuela Nisha. Allí estuvieron un mes en lo que fue un reencuentro tras más de tres décadas de separación. Charlaron durante largas noches y recuperaron mucho tiempo perdido de mirarse, abrazarse, reír e incluso llorar juntos.

Acamparon en Gleib Eshaar, un lugar situado entre el monte Tamreiket y el monte Tabatanet, por donde fluyen Rus Tawiniket, cauces de riachuelos que desembocan en el río Saguia El Hamra, el principal río del Sáhara Occidental. Mi madre se encontraba feliz disfrutando de ejercer la soberanía sobre una porción del suelo patrio del que fue desterrada. Y, reflexionando sobre su felicidad y su fuerza para seguir resistiendo con su gente, escribió algunos versos. En una conversación telefónica posterior, mi tía Boilili me desveló, desde los territorios ocupados, estos versos compuestos por mi madre que yo nunca había escuchado ni tampoco mis hermanas.

منو مانك متارك   كافي يلعگّل امن اصبر

شوراخيام اهل امبارك   تمشي من عند اگليب اشعر

Oh corazón,
ya basta de aguantar
pero no dejes de resistir.
Libre transitas
entre el monte Gleib Eshaar
y las *jaimas* de *Ahel* Embarek.[i]

En los siguientes versos no quiso mencionar el nombre de
su hermana Boilili ni nombrar a las otras acompañantes
que llegaron con ellas, ni dar ningún tipo de pista, por
temor a represalias marroquíes, al regreso a los territorios ocupados.

من منطقتنا و الهاونا   الطافلات الجاونا

بكهولتنا و اشبابنا   بيهم ياالله اتزدنا

و الرجوع المواطنا

Mozas nos visitan
desde la patria Oeste
y nos alegran el alma.
Dios, da ejemplo
a nuestros ancianos
y a nuestros jóvenes.

Dios, te imploro
que pronto retornemos
a nuestra patria.

De aquella anhelada reunión nos faltan algunos de los que estuvieron. Tras la marcha de Detu también el exilio llevó a tres de sus hermanos, el artista Yeslem, de preciosa voz y carácter jovial; el sabio Moulud, conocido por su capacidad de convertirse en el centro de atención en las tertulias sobre historia y poesía y a la vez siempre dispuesto a la broma y la diversión; y la delicada Jueya, excelente conversadora y gran conocedora de la poesía y el *houl* saharaui. En octubre de 2010 nos dejó la madre de todos ellos, mi abuela Nisha Mint Bujari, la indomable mujer que desafiaba con valor y agudeza las adversidades del desierto. Falleció en su *jaima* del campamento de Hagunia, en las cercanías de la ciudad argelina de Tinduf. Todos ellos descansan en la tierra del refugio, sobre una pequeña colina que les ha reunido de nuevo y para siempre.

Para reforzar sus argumentos en cualquier conversación o en las tertulias, a las que era tan aficionada, mi madre siempre recurría a pasajes de la literatura.

أُمْنِيّة ظَفِرَتْ روحي بها زَمَنا
والـيوم أحـسَبُها أضـغاثَ أحلامَ

Deseos con los que trencé

mi alma

mucho tiempo,

y hoy los considero

castillos y sueños.

Versos en árabe clásico que mi madre recitaba tras sus rezos y en momentos en que se hablaba de fracasos en la vida, el desamor u otras desventuras humanas, como el largo exilio que vivió, la guerra o las hambrunas que escuchaba en las noticias de su inseparable receptor de marca Philips. Estos versos forman parte de un largo poema del místico egipcio Ibn Elfarid (1181–1235). Fue considerado el poeta de Dios y también le llamaron "el poeta sultán de los enamorados". Se le considera uno de los místicos sufíes entre los poetas de su época.

Mi madre podía recitar el poema completo de escucharlo tantas veces en la radio de Nuakchot en los años setenta, época en que sus emisiones se captaban en nuestro pueblo, Auserd. Cuando lo consiguió en cinta, disfrutaba reproduciéndolo en el pequeño magnetofón Philips que había traído mi padre de El Aaiún en 1970, pocos días después de la sublevación nacionalista de la Organización Liberación Sáhara, OLS, fundada por el periodista Sidi Mohamed Basiri contra la entonces metrópoli, la España franquista y colonial.

El poema empieza con estos versos que siguen fijos en
la memoria de nuestros padres y abuelos:

نشرتُ في موكبٍ العشَّاقِ أعلامي

وكانَ قبلي بُلى في الحبِّ أغلامي

Desplegué mis banderas
al pasar la comparsa
de los enamorados,
pero en el norte del peregrino
las alas del amor
conocieron la desdicha.

Cada vez que hablo con mi hermana Lehbeila, que ha
tenido más años de convivencia con nuestra madre, me
sorprende con un registro de su memoria. Ella ha me-
morizado la poesía de nuestra madre y prestaba mucha
atención a lo que decía en los años de exilio. "No te ima-
ginas, estos versos de mamá los he rescatado de un cuaderno de mis anotaciones escritas en lápiz, las letras
casi son ilegibles, pero lo he podido recuperar desci-
frando estrofa a estrofa". Efectivamente, aún encontró
en el verano de 2019, trece años después de la desaparición de mamá, unos versos suyos que mi hermana Lehbeila había apuntado en un bloc de notas guardado en un
baúl de libros.

حد اݣّول ان ظالم

اتنم المغرج طالع

مفلك لعجارم ما إكد

عند لجواد الاتم

Nadie podrá sentir

sino paz

en este valle

del collado Laayarem,

porque en su regazo

hay gente generosa

siempre tarareando un verso

al son de una tetera hirviendo.

Lehbeila cuenta que nuestra madre sentía auténtica necesidad de volver a sus lugares de origen, la región de Tiris, y a su gente. Pero a la vez era realista y no se le escapaba que el exilio tiene sus consecuencias y que los sueños de volver no nos deberían cegar ante las dificultades que aún debemos seguir superando. En los momentos en que mi madre sentía ejercer su libertad en sus escasas escapadas a territorio liberado, Jadiyetu se inspiraba "descontroladamente" y su alma de poeta y erudita la llevaba a su tierra del verso, Tiris, y a los magnos montes de Auserd.

Uno de aquellos momentos tuvo lugar a raíz de un encuentro con varios miembros de su familia en la parte liberada, concretamente en la colina y riachuelos de Laayarem. Le llegó la inspiración a partir de la cautivadora naturaleza de esa colina, que le recordaba el paisaje de su región natal, Tiris. Se inició así un diálogo poético con su joven prima Jadiyetu Mint Rahel quien, impresionada por los recuerdos que el lugar traía a mi madre y cautivada por el color cristalino y blanco de los guijarros de la colina donde se reunían por las mañanas, compuso el siguiente *gaf*:

احذ خدجتو ذى الفضيل   سبحان اللي خلق ذى الرݣ

و املي كانت جميل   ازݣ ذو القيدات رد

Bendito tú,
creador
de estos guijarros
que me acoges
en compañía
de la sublime Jadiyetu,
certera en sus amenas
tertulias,
y más bella que ninguna
de estas doncellas.

Mi madre, al recibir el verso de su prima, quiso reflejar su sentir, respondiéndole por su parte con otro verso:

امسوحل ماه زاحل   خالݣ تشواش اللا اسب

ؤ ذاك الرك الساحل   افكدني بكد اوسرد

Por el este
me desbordan
gratos tormentos
y melancolía,
y me acuerdo
de los montes de Auserd
cuando al oriente miro
hacia ese cristalino
blanco pedrusco de cuarzo.

Mi hermana Lehbeila se vio también implicada por la reacción en verso sobre Tiris de nuestra madre y a su vez compuso un poema al comenzar los preparativos para regresar a los campos de refugiados. Con su composición quería despedirse de aquellos gratos lugares y destacar las cualidades de algunas familiares con las que habían pasado los días de acampada.

اعلى الخير ؤ حسن الجور
و اسل الطش مشكور

الگلاب متلطما
يايوگي بعد ابفاطم

Veo quedar atrás esos montes
que tras de mí
cierran sus valles,
guardando paz
y la buena vecindad.

Y digo entrañable Fatma.

Y digo bendita tú, querida Tasha.

Mi madre fue un personaje citado en vida por varios poetas. A través de mis hermanas Lehbeila, Nana y Suadu, desde los campamentos de refugiados saharauis, he podido recopilar algunos poemas relacionados con su juventud.

Estos versos fueron dedicados a mi madre cuando su familia nomadeaba muy cerca de las charcas de Edejen, que distan unos sesenta kilómetros del lugar donde mis padres se conocieron a finales de los años cincuenta. Se atribuyen a dos hombres de su generación. En la sociedad saharaui las cualidades y virtudes de una mujer pueden ser alabadas por todos, en especial por los poetas, sin malentendidos por parte de la gente.

من لزم العڭل الي اتراد   بيه اجبر حد اڭديد

ازوين ردو و ازوين زاد   ڭدو و ازوين اخديد

Tiene por qué dudar
mi corazón,
porque descubrió a alguien
a su medida,
gracioso su hablar,
de físico esbelto
y de bello rostro.

Estos otros poemas que a continuación reproduzco son de Mohamed Moulud Uld Bah, alias Baduh, un clásico que componía en circunstancias muy íntimas, llevado por sus instintos de bohemio nómada, que pasó su vida errante en Tiris y Zemur. Nació en 1879 y falleció en el exilio en 1976, en la ciudad argelina de Tinduf. Este *gaf*, o poema corto, lo dedicó a mi madre, Jadiyetu Omar, y a otra mujer amiga de ella, llamada Jadiyetu Mint Boia. Según el registro familiar, el poeta Baduh en uno de sus desplazamientos por la región de Tiris se encontró con el campamento de las familias de las dos mujeres, con las que le unían lazos familiares, y acampó durante unos días con ellos. En estos versos elogia a ambas.

ولي ذاك اسمي منتو   خاديجتوات الحي

خاديجتو عمار ؤتو   خاديجتومنت ابي

A las dos Jadiyetu
del *frig* nómada
rindo mi gratitud.
No cualquiera
bautiza a su hija
con el nombre de
Jadiyetu, hija de Boia,
o Jadiyetu, hija de Omar y ya.

Este poema, que forma parte de una *talaá* o poema extenso, lo compuso Baduh probablemente hacia 1969 en la región de Legrea, Tiris. Baduh había estado de viaje a Mauritania en busca de una *tasufra*, pero al no poder adquirirla volvió al Sáhara y en su camino alguien le indicó el lugar donde estaba acampado el *frig* de la familia de mi madre, vecino de otros *frig* muy cercanos en lazos familiares. Baduh, tras disfrutar de un buen recibimiento, contó su frustrado viaje para adquirir la *tasufra*. El caso preocupó a mi madre y propuso a otra mujer de la familia, llamada Issa, fabricar entre las dos la ansiada *tasufra* de cuero. La historia de aquella franca actuación para cumplir la ilusión del viajero fue motivo de este poema.

اميلمنين ؤلعليات اثنتيين	عنك لحكّلي للي ولدت
تاسوفرت ماه ابلاديين	عن خوهم عاد ابتاسوفرتو
بسباق و اجلود ازينين	سبكّت فيها خاديجتو
خاديجتو راه لجات	و العز لبطن غالمتو
	اتجيب الخير و حافلتو

Hazle llegar a la madre de Moilemnin[ii]
y a las otras dos damas
que su hermano ya dispone
de su *tasufra*.
Una *tasufra* sin deuda

confeccionada primero por Jadiyetu
con tintes de tantos tonos
y hermosos cueros.
El bello bordado de su vientre es obra de Issa.
Jadiyetu cuando actúa
lo hace con cordura, desbordando dones.

El poeta se refiere a que el regalo es una *tasufra* "sin deuda" porque anteriormente había intentado conseguir una en Mauritania a través de unos familiares, a los que sugirió que la pidieran prestada mientras conseguían el dinero, pero ellos no aceptaron. De ahí la gratitud, expresada en forma de poema, hacia el gesto de Jadiyetu y sus amigas.

En este otro poema, Baduh mencionaba a las hijas de Nisha, mis tías y mi madre.

امنات النيش زينات   ازين الي مايحتاج التحفال

و اسقام النيش و اليعات   فيهم فات انگال

الي فات انگال

Bellas son las hijas
de Nisha,
beldad que no necesita
adornos.
Y del amor de Nisha
y su pasión

ya se dijo
lo que se tenía que decir.

Los siguientes versos, donde también aparece mi madre, son de un poeta saharaui durante el periodo colonial, que tuvo mucha relación con nuestra familia y siempre quiso que su autoría se mantuviera en el anonimato. En este poema se usa como recurso una potente imagen referida al agua, que he traducido como "emanar" y "rezumar" y se refiere a un agua muy pura que surge muy lentamente desde las profundidades del pozo, que no desborda ni sale a borbotones, en referencia a la prudente forma de ser de mi madre y su exquisita educación.

ولاني داير تعويج   الحگّت الحاسي ماه جام

ماهي دون اخويديج   دون اخويديج و انفس

Al llegar al pozo,
el agua que emanaba
era cristalina
y sus fuentes
poco a poco rezumaban
puras aguas.
No pretendo perder tiempo
para ver a Jueidiya[iii]
porque mi alma solo quiere a Jueidiya.

La forma de ser que caracterizaba a Jadiyetu se podía observar en su comportamiento diario con nosotros, cuando éramos pequeños. Muestra de sus reacciones inteligentes, llenas de humanidad y me atrevería a decir que visionarias, reflejo de la fina sabiduría ancestral de las mujeres beduinas saharauis, es una historia que me pasó cuando era niño y que recojo en mi libro *Tiris: Rutas literarias* (124–25).

Junto a otros chavales de mi edad cuidábamos el ganado camellar muy cerca del emplazamiento de las familias. Para esta faena cada día nos tocaba a uno traer un pequeño talego de hierba de té y, cuando el ganado se ponía a descansar durante la hora punta del calor, nos juntábamos debajo de la sombra de una acacia y preparábamos un merecido té, que a veces tomábamos con unos trozos de pan de ácimo. Una de las veces que me tocó a mí llevar el té, recuerdo que le quité a mi madre sin que se enterara, algo así como un kilo de un cajón de madera con letras chinas y prensado en sus rincones con unas láminas de metal. Se trataba de un té verde de la más alta calidad, así que pasé el día con mis amigos haciendo té en abundancia hasta la tarde.

Pero cuando llegó el momento de la vuelta con el ganado a la familia, no supe qué hacer con el resto del té y, por si me descubría mi madre y me reprendía, busqué un arbusto que servía de buena referencia. Justo debajo excavé un hoyo muy profundo y allí deposité la gruesa bolsa de plástico metida dentro de un talego de tela y la enterré debajo del arbusto hasta que quedó bien oculta. Mi madre no le daba importancia a esas fechorías mías; a veces cuando me sinceraba con ella y le desvelaba mis travesuras se reía mucho. Luego en sus ratos de tertulia alrededor del té se las contaba a sus hermanas y a algunas amigas y así pasaban el rato, divirtiéndose con mis historietas.

Volviendo a la bolsa de té que escondí bajo el arbusto, un año después mi familia y mis tíos acamparon en verano en esa misma zona. A todo el campamento se le agotó la hierba del té cuando los hombres emprendieron viaje en el coche de mi padre a hacer la compra en la ciudad mauritana de Zuerat, sin embargo, no regresarían hasta pasadas tres semanas. El consumo de esta planta entre la población con el tiempo ha ido creando una fuerte adicción, hasta inimaginables consecuencias cuando el té falta, como molestias, lagrimeo de ojos, desánimo y falta de humor. Así fue, durante la primera semana sin té en el campamento empezaron los primeros síntomas por su falta. Las charlas que se hacían en torno al té eran entonces mucho más aburridas y sin chispa para los tertulianos. Intentaban suplirlo con las plantas de تزوكنيت *tazaucanit* y الزواي *zauaya*, que contienen ciertos estimulantes, pero no era lo mismo.

Viendo la situación me acordé de aquel talego que un año atrás había escondido debajo del arbusto, y sin decir nada a mi madre me fui de manera discreta a buscarlo. Localicé enseguida el matorral y comencé a excavar hasta que di con la codiciada hierba, en perfecto estado sin que se hubiera roto la bolsa de plástico y sin que le hubiera entrado el agua de las lluvias. La fechoría del año anterior me alegraba mucho. Iba a sorprender a mi madre y mis tías, que llevaban tantos días sin tomar el té, y así devolverles su habitual alegría mientras regresaban mi padre y mis tíos con las compras. Cogí el talego y lo escondí en mi ropa hasta que llegué a nuestra *jaima*; buscaba encontrar a mi madre a solas para que nadie más me descubriera, quería que fuera solo ella y nadie más. Le pregunté:

—Detu, ¿me recompensas si te doy un talego de buen té para que invites a mis tías, la abuela, tus amigas y así poneros más alegres?

Mi madre me miró fijamente, leyendo lo que mis ojos le decían. Sabía que algo de verdad había en lo que le estaba diciendo, porque lo veía en esa carita que nadie mejor que ella conocía. Partiéndose de risa se abalanzó sobre mí para saber qué escondía debajo de mi ropa mientras yo agarraba el talego. Exclamó:

—¡Que Dios te bendiga, que Dios te bendiga!, ¿dónde has encontrado esto?

Una vez que ya tuvo el talego entre sus manos lo abrió, lo olió y enseguida supo que aquel té aún conservaba sus propiedades; se trataba de una hierba de buena calidad, de la marca 71, muy conocida en aquellos años setenta y muy apreciada entre saharauis y mauritanos. Entonces yo le conté toda la historia del talego. Y ella preparó la lumbre, recogió las brasas, hizo la comida y llamó a mis tías, a la abuela y a sus amigas para disfrutar de la tan apreciada y estimulante hierba. Cuando se reunieron repartió lo que quedaba del kilo entre las familias. Hasta que regresaron mi padre y los tíos no hubo otra cosa de que hablar si no la historia del té de Bahia y su aparición en el momento más adecuado.

Mi madre nos dejó en unos campos de refugiados en donde vivió veintisiete años desterrada de su hogar y tierra, optimista como siempre en volver pronto al hogar y la tierra que nos usurpó el régimen marroquí de Hasan II con su ambiciosa y bélica fe ciega de conquistar desde Colomb Bechar, Mali, Río Senegal hasta el Al Andalus.

Se fue sin poder olvidarse de las consecuencias que acarreó aquella espantosa imagen de la Marcha Verde, que nosotros los saharauis llamamos "Marcha Negra", preludio de su largo dolor en el exilio que se desató tras el abandono y la traición de la metrópoli española el año 1975. Las hordas del norte que serpenteaban en caravanas de viejos camiones Ford fueron el telón que encubrió tanques y más de ciento cincuenta mil soldados destinados a matar y morirse por algo que nunca fue suyo, enarbolando las banderas de Henry Kissinger y Hasan II.

Descansa en paz, mamá, eternamente estarás viva en mí como lo estará siempre en ti la tierra de Tiris, con sus maravillosas gentes, *galaba, uidian*, elegantes dromedarios y gacelas, desde los límites de Dallet Am a los confines de la depresión de Adrar Setuf.

Notes

i. Hace referencia al nombre de su familia, *Ahel* Embarek Fal, suprimiendo "Fal" para encontrar rima y ritmo en los versos.

ii. El verdadero nombre de mi abuela por parte de madre era Moilemnin pero todo el mundo la conocía como Nisha. Su madre, mi bisabuela, se llamaba Badia.

iii. Nombre de cariño con el que conocían a mi madre en su juventud.

Works Cited

Mahmud Awah, Bahia. *Tiris: Rutas literarias*. Última Línea, 2016.

Said, Edward. *Reflexiones sobre el exilio: Ensayos literarios y culturales*. Translated by Ricardo García Pérez, Kindle ed., Debate, 2005.

GLOSARIO DE TÉRMINOS EN HASANIA

Ahel: Familia; no se limita a hijos y padres, sino que se amplía a abuelos, tíos, primos, y antepasados.

Alah yarhamha: Que Dios la guarde en su mejor lugar.

Am el guetma: El año del vendaval.

Am Elhuyum: Nombre que le dieron los saharauis al año 1958, coincidiendo con la Operación Écouvillon, de alianza franco-española contra bandas marroquíes infiltradas en el territorio del Sáhara.

amshakab: Montura femenina del camello. Cuando se acampa sirve de armario en la *jaima* para guardar comida y enseres.

anish: Flor de la acacia.

araah: Juego tradicional saharaui en el que un hombre se mete en medio de un círculo defendiéndolo con sus pies del ataque de los jugadores de fuera.

asckaf: Arbusto de la *badia* que comen los dromedarios, rico en potasio y sal, que da un rico sabor característico a la leche de las camellas que lo comen.

asuaka: Rumores y cotilleos.

azzal: Dromedario macho de montura, castrado y domado para la carga.

badia: Zonas de acampada donde suele haber pasto para el ganado.

baraka: Escapulario que hacen los santones que se pone para evitar la mala suerte. Está compuesto por versículos del Corán copiados por ellos en un papel y lo van doblando hasta quedar pequeño. Se forra entonces con cuero, o láminas de plata o bronce. En este contexto hace referencia a la fortuna o buena suerte.

barracado: Postura del camello tumbado para que el jinete baje o suba de la montura. La palabra arrastra del hasania, *barrak*, y fue adoptada por los españoles que vivían en el Sáhara, especialmente los militares.

barrak: Acción de agachar el camello al suelo que realiza quien monta el camello o lleva sus riendas.

dabus: Juego tradicional saharaui que se juega con dos palos. En el juego, dos hombres se enfrentan saltando y golpeando los palos, hasta que se rompe uno de los palos o cae.

darraa: Vestimenta tradicional del hombre saharaui.

deyar: Buscador de dromedarios perdidos.

deyarin: Plural de *deyar.*

edabaa: La hiena del desierto.

edhen: Manteca líquida que se elabora de la leche de la oveja y la cabra. Es muy codiciada en el Sáhara.

elgoum: Los compañeros.

eljarrub: Vainas de la acacia que son comestibles cuando están secas. Tienen además propiedades curativas.

emrakib: Dromedarios domados para llevar la carga.

ercaiz: Palos que sostienen la *jaima.*

errualla: Acción de ir a buscar agua en el desierto a lomo de camello con grandes odres para recogerla.

Etal Beit Shar: Aforismo saharaui que indica la buena o mala vecindad con los países que limitan con el Sáhara Occidental. *Etal* es "el norte" y se refiere a Marruecos, situado al norte del Sáhara Occidental. Todo el aforismo significa que el norte es el hogar del mal.

frig: Conjunto de familias nómadas acampadas con sus *jaimas* en un lugar donde haya pasto para el ganado y agua para la comunidad.

gaf: Poema corto.

galaba: Plural de *galb*, que significa a la vez "corazón" y "monte".

ghazi: Grupo de guerreros en disputas anticoloniales o intertribales.

grara: Zona poblada por grupos de acacias.

guetma: Vendaval de vientos muy conocido por sus terribles consecuencias para los habitantes del desierto.

houl: Género musical cantado en el Sáhara Occidental y en Mauritania. Conocido como la música hasaní, en referencia a las sociedades saharaui y mauritana en las que el habla es el hasania.

huar: Cría del dromedario.

ibil: Ganado camellar.

Ina lilahi: Expresión religiosa que significa "Oh, Dios mío".

irifi: Viento del desierto que sopla con aire caliente.

ishiguin: Concavidades en las rocas donde se puede recoger agua de lluvia filtrada en arena.

jaima: Tienda nómada. Es la vivienda tradicional de los saharauis.

jarrub: Vainas de la acacia que son comestibles tanto verdes como secas.

jzama: Riendas trenzadas de cuero para controlar el dromedario.

kisra: Pan sin levadura de los nómadas que preparaban bajo arena caliente.

lajabar: Las noticias que corren de boca a boca entre los nómadas.

lefrig: El *frig*, conjunto de *jaimas*, con el artículo determinado antepuesto.

lemrah: Rastros que deja la acampada, de varias semanas o meses, de una familia: excrementos del ganado, restos de hogueras, ramos de la acacia, las tres piedras que se ponen de soporte para calentar las ollas de la comida y los huesos de los animales que se han comido durante la acampada.

lharca: La caballería militar a lomos de camello que prestaba servicio en el Sáhara Occidental durante la época colonial para controlar las fronteras.

ljruf: Cordero lechal.

louh: Tabla de madera bien trabajada por los artesanos que usan como "cuaderno" los niños de la *badia.*

main atai: Los utensilios para preparar el té, compuestos por tetera, vasos y bandeja.

maktuba: Lo escrito, lo predestinado. Los creyentes creen que todo el transcurso de la vida de la persona, Dios lo ha dejado escrito.

melhfa: Fino manto con el que visten las mujeres saharauis.

menhru: Falda sur de cada monte.

mirhan: Moradas donde hayan acampado los beduinos con sus ganados en años de bonanza.

mus bleida: Típico cuchillo usado por los nómadas de mango revestido con dos placas de marfil.

rahla: Silla de montar el camello para el hombre. En el Sáhara se hace de un arbusto llamado *ignin* y se recubre de piel de dromedario.

sadga: Limosna religiosa que se da a los necesitados de forma discreta, sin hacer alarde de ello.

sajar: Ayudante para preparar el té. Se dedica al brasero para calentar el té durante las tres tandas. El ayudante se encarga de estas tareas para que el que prepara el té, centro de la conversación, no se levante ni se distraiga con otras labores.

sfara: Una raza de gacelas.

shaif: El que ve bien.

shara: Juego de competencia con tiro.

Shertat: Personaje mítico en la narrativa oral saharaui. Sus relatos son utilizados para criticar los malos hábitos entre la sociedad.

shluha: Tribus bereberes de Marruecos y otros países del norte de África. Los saharauis, para referirse a los marroquíes, a menudo los nombran con esta denominación.

shuail: Camellas recién paridas de leche dulce y muy rica.

smayem: Aparición en el cielo de unas constelaciones en el verano, donde el calor alcanza sus máximas temperaturas dejando inevitables víctimas entre los animales y las personas.

talaá: Poema extenso.

talha: Acacia.

tarf melhfa: Extremo de la *melhfa* que queda suelto sobre el hombro de la mujer. Como arrastra, los niños se suelen agarrar ahí para seguir a sus madres.

tasufra: Mochila elaborada de cuero y bien trabajada artesanalmente por grandes mujeres artistas. La mochila la usan los caballeros para llevar sus enseres a lomos de los camellos y forma parte del conjunto del caballero, compuesto por la *rahla* o silla de montar, la almohadilla, el manto de cuero, las bridas de cuero y las cuerdas de piel.

tazaucanit: Mata de la que los saharauis hacen una infusión que tiene diferentes propiedades. Se usa cuando falta el té, ya que también es estimulante.

tebraa: Género literario que componen y cantan únicamente las mujeres cuando están juntas en reuniones privadas, de amistad, en ausencia de figuras masculinas. Su temática se centra los íntimos deseos de las mujeres. Puede ser de contenido amoroso, político o de gestas.

tezaya: Mochila de piel de dromedario que usan las mujeres para guardar provisiones.

uad: Río.

uidian: Plural de *uad.*

um talbat: Juego tradicional saharaui que consiste en derribar unas placas de piedra colocadas en vertical, lanzando una bola de piedra.

wilaya: Provincia.

ya marhba: Bienvenido.

Yemaa: Representación de todas las tribus saharauis en las Cortes franquistas de la época colonial.

zauaya: Infusión de color rojo que se hace de las cortezas de una mata. Tiene propiedades estimulantes y también curativas para el estómago.

zgarit: Grito que denota alegría, victoria, emoción, buenas noticias y ovación entre las mujeres saharauis.

zibda: Manteca que se hace con la leche de la camella.

zriba: Recinto cerrado con ramos de acacia que sirve como cocina en las acampadas. Otra utilidad es hacer de corral para proteger por la noche el ganado de las fieras.

About the Editor

Dorothy Odartey-Wellington is professor of Hispanic studies at the University of Guelph, where she was awarded a Research Leadership Chair in 2021. She is the editor of *Transafrohispanismos: Puentes culturales críticos entre África, Latinoamerica y España* (2018) and the author of *Contemporary Spanish Fiction: Generation X* (2008). She has also published numerous articles and chapters on Spanish and Afro-Hispanic literatures and cultures.